シリーズ「遺跡を学ぶ」121

古墳時代の南九州の雄
西都原古墳群

東 憲章

新泉社

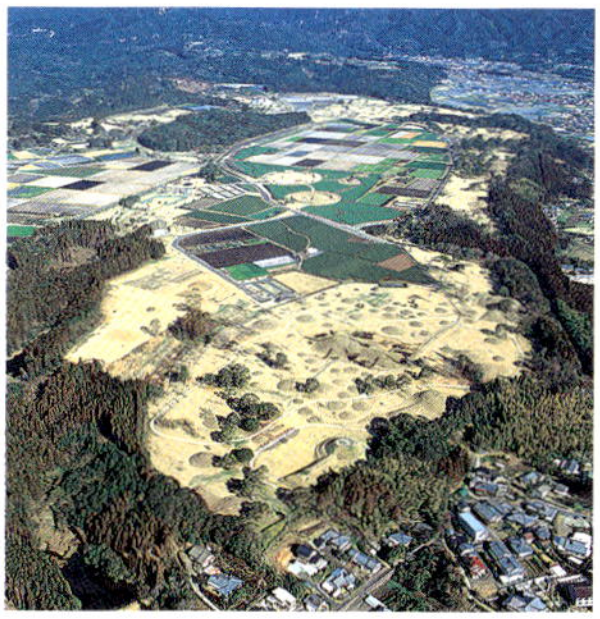

古墳時代の南九州の雄

―西都原古墳群―

東　憲章

【目次】

編集委員
勅使河原彰（代表）
小野　昭
小野正敏
石川日出志
小澤　毅
佐々木憲一

装幀　新谷雅宣
本文図版　松澤利絵

第1章　西都原古墳群とは

1　「原」に展開する古墳群

古墳群の立地

南九州の地形的特徴を示すものとして「原（はる）」という言葉がある。これは河岸段丘などの台地上の平坦な土地のことで、いまから二万九〇〇〇年ほど前の姶良《あいら》カルデラ（現在の鹿児島県錦江湾）の大噴火による火砕流や火山灰（これで形成されたのがAT層）によって、平坦で広大な原が形成された。読み方は、西都原は「さいとはら」ではなく「さいとばる」であり、新田原「にゅうたばる」、祇園原「ぎおんばる」、茶臼原「ちゃうすばる」、六野原「むつのばる」となる。こうした平坦な台地＝「原」上に展開するのが南九州の古墳群の特徴である。

特別史跡西都原古墳群は、九州の南東部、宮崎県のほぼ中央を東流する一ツ瀬《ひとつせ》川の中流右岸、西都市街地の西方に位置する（**図1**）。日向灘の海岸線からは約一三キロの距離がある。標高

図１ ● 南九州の主要古墳・古墳群と西都原古墳群
五ヶ瀬川下流の延岡地区、小丸川・一ツ瀬川・大淀川下流の宮崎平野部、大淀川上流の都城盆地、川内川上流のえびの盆地・大口盆地、肝属川下流の志布志湾沿岸に集中がみられる。

六〇〜八〇メートルの通称「西都原台地」を中心に、その東や南の裾部に広がる標高三〇メートル前後の「中間台地」、さらにそれらをとりかこむ標高一〇メートル前後の沖積地に分布しており、その範囲はおおよそ南北四・二キロ、東西二・六キロにもおよぶ（**図2**）。指定面積は五八ヘクタールを超え、その約九割は国、宮崎県、西都市の公有地となっている。

　西都原古墳群が位置する広義の宮崎平野中北部（一ツ瀬川および小丸《おまる》川両岸）には、新生代第四紀洪積世に形成された河岸・海岸段丘の台地が

図2 ● 特別史跡西都原古墳群の主要部
中央を手前から奥につづく標高60〜80mの台地が西都原古墳群の中心部。周囲の林の外側が低くなっていることがよくわかる。

広がっている。背後（西方）の険しい日向《ひゅうが》山地（九州山地の一部）とは対照的に平坦な「原」地形がつづく特徴的な景観だ。

　これらの段丘は浸食が進み、現在ではいくつもの谷や低地が複雑に入り込んでいる。宮崎平野部における段丘群は沖積面であるⅠ面から標高二〇〇メートルを前後するⅧ面までに区分できるが、西都原古墳群の位置する西都原面や一ツ瀬川対岸の新田原面は、標高五〇～六〇メートル以上となるⅤ面に相当する（**図3**）。それぞれの段丘基層は礫層《れきそう》であり、その上に第一～第三オレンジ層とよばれるアカホヤ（鬼界カルデラ火山灰）、AT層、岩戸降下軽石などをはじめとする多くの火山灰層を含む日向ローム層が堆積している。

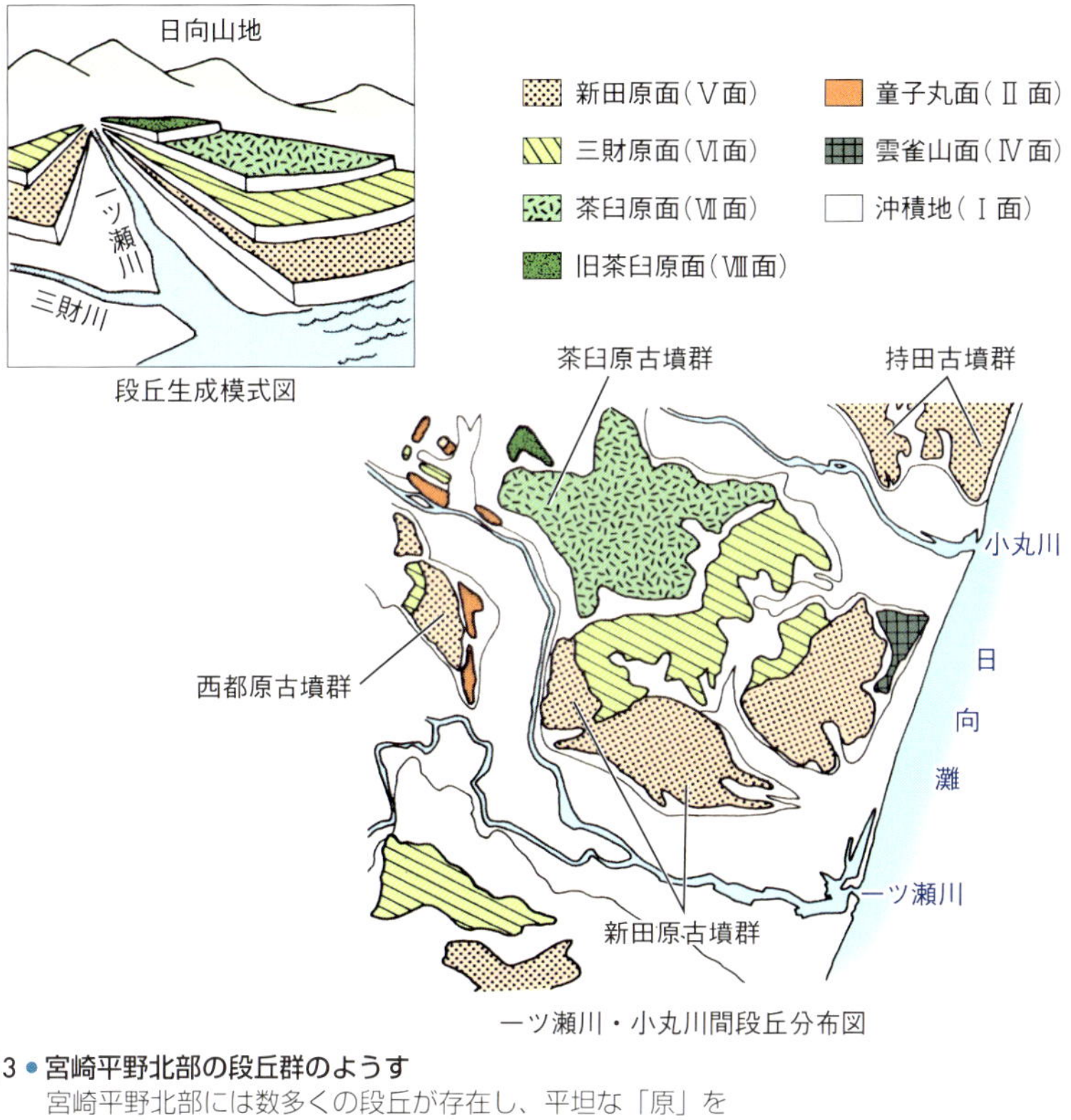

図3 ● 宮崎平野北部の段丘群のようす
宮崎平野北部には数多くの段丘が存在し、平坦な「原」を形成している。古墳群の多くは原に展開している。

人びとの足跡

こうした段丘地帯には旧石器時代からの人間の生活の痕跡が認められ、数多くの遺跡が存在している（図4）。西都原周辺の各時代の遺跡の分布を概観すると、二〇〜三〇カ所ほどの遺跡で旧石器が出土し、明らかにＡＴ層の下位からの出土も数カ所で確認されている。

縄文時代では住居址や集落の調査事例は乏しいが、段丘縁辺部を中心に早期の集石遺構が数多くみつかっている。弥生時代では、前期では断片的な土器の出土が知られる程度だが、中期から後期においては住居や集落がみつかっている。段丘端部の舌状地形の根元をＶ字溝で区画した環濠集落も発見されている。沖積地での遺跡の調査事例は少なく、水田などの生産関連遺跡は不明である。

宮崎平野中北部の段丘地帯でもっとも顕著なのが古墳時代の遺跡である。とくに広大な段丘上の平坦地に数多くの古墳が居ならぶ姿は、南九州独特の景観である。宮崎県内に確認されている、墳丘をもついわゆる高塚古墳の総数は約一七五〇基だが、じつにその半数以上が西都《さいと》市、新富《しんとみ》町、高鍋《たかなべ》町、川南《かわみなみ》町といった宮崎平野中北部の段丘地帯に集中している。国指定となっている古墳群は、西都原・茶臼原（西都市）、新田原（新富町、一部西都市）、持田（高鍋町）、川南（川南町）で（図1参照）、そのほかに県指定の古墳も数多く点在している。

そのほとんどは段丘上やその周囲の低位台地に立地している。また第4章でくわしく説明するが、南九州に独特の地下式横穴墓《ちかしきよこあなぼ》もそうした古墳群に混在しており、小丸川左岸が分布の北限となっている。また、段丘の浸食崖には数多くの横穴墓がうがたれている。

こうした多数の墳墓群に対して首長居館はいまだ発見されていないが、集落遺跡が西都原台地の端部や周囲の中間台地、谷を隔てた西方の台地、一ツ瀬川対岸の新田原台地などでみつかっている。とくに新田原台地南東部の上薗《うえぞの》遺跡と南西端の宮ノ東《みやのひがし》遺跡、西都原東側の中間台地上の妻北《つまきた》遺跡群、清水原《きよみずばる》台地の松本原《まつもとばる》遺跡などは、住居跡の数や密度からみて、地域の拠点的集落だったと考えられる（図4）。

古代には、西都原台地の南東部にとりまく中間台地上に、日向国府跡や日向国分寺跡（いずれも国指定史跡）、国分尼寺推定地が存在し、周辺が古代日向地域の政治的中心であったことがわかる。

図4 ● 西都原古墳群周辺の遺跡
一ツ瀬川中流両岸に広がる台地上には数多くの遺跡が立地する。
とくに古墳時代～古代には日向地域の政治的中心であった。

2 全国に先駆けた発掘

「皇祖発祥の地」を明らかにする発掘

西都原古墳群に関する最初の記述は、一八二五年（文政八）に地元の国学者児玉実満《こだまさねみつ》が著した『笠狭大略記《かささたいりゃくき》』である。その後、幕末から明治時代にかけて散見される記録類のなかで注目されるものとして、明治政府が化学兼冶金技師として招聘し、日本各地で古墳の調査をしたことでも名高いイギリス人のウィリアム・ゴーランド（ガウランド）が、一八八八年（明治二一）に記した鬼の窟《いわや》古墳の略測図がある（**図5**）。一八九五年（明治二八）には、男狭穂塚《おさほづか》古墳・女狭穂塚《めさほづか》古墳が、当時の宮内省により陵墓参考地に治定された。

一九一二年（大正元）からおこなわれた西都原古墳群の発掘調査は、日本初の本格的・組織的な古墳の調査として学史に刻まれている。当時の県知事であった有吉忠一の発案によるもので、貴重な文化資産である遺跡の保護を目的としながら、「皇祖発祥の地」としての宮崎県の歴史を明らかにし、神話の史実性を立証するという時代的な背景もあった。東京・京都の両帝

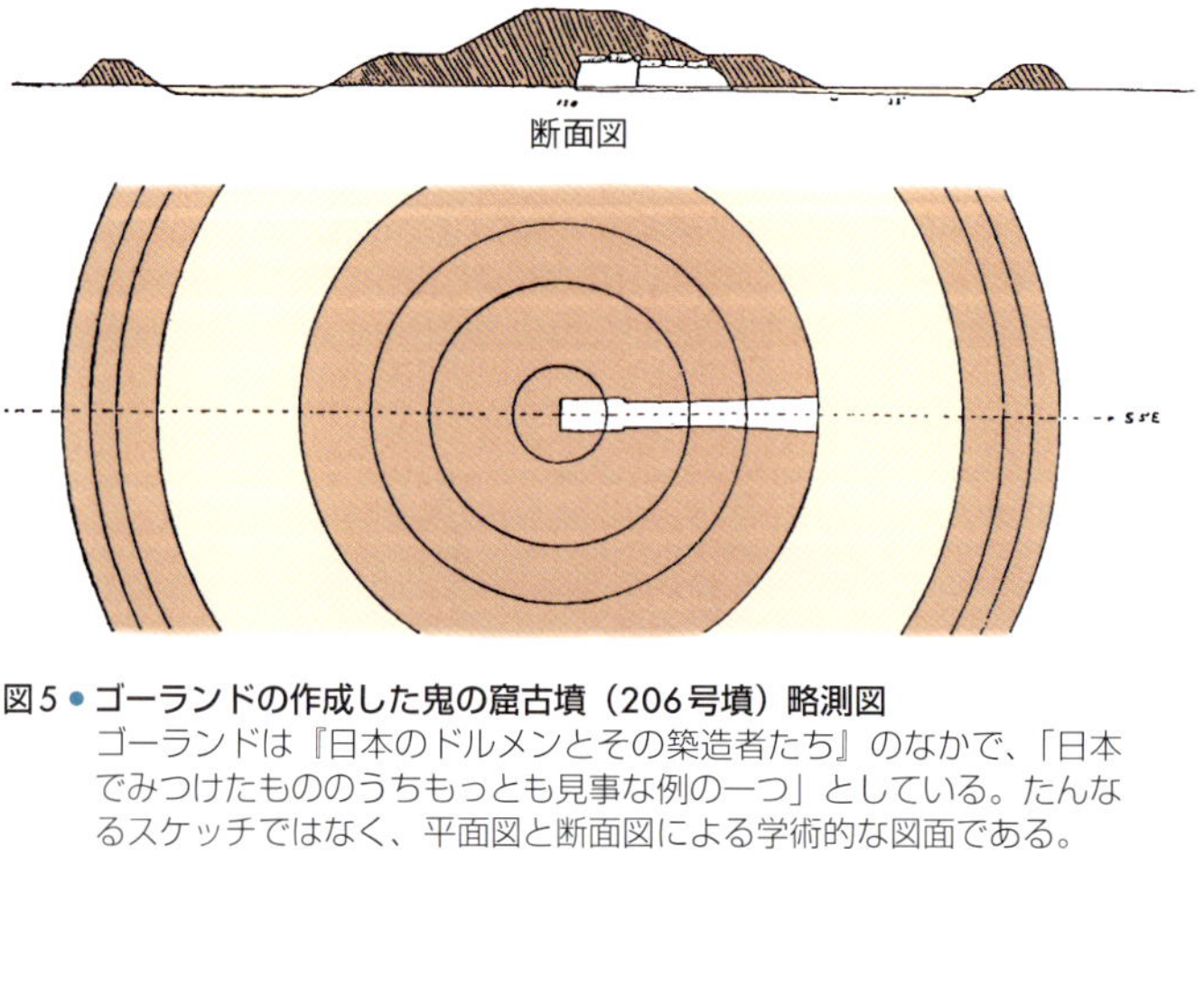

図5 ● ゴーランドの作成した鬼の窟古墳（206号墳）略測図
ゴーランドは『日本のドルメンとその築造者たち』のなかで、「日本でみつけたもののうちもっとも見事な例の一つ」としている。たんなるスケッチではなく、平面図と断面図による学術的な図面である。

国大学、帝室博物館、宮内省の学者を招聘し、一九一七年（大正六）までに三〇基の古墳を発掘した（図6）。その結果、埋葬施設や遺物、古墳の年代観に関する多くの知見が得られた。

第一次・第六次調査に参加した京都帝国大学の濱田耕作《はまだこうさく》は、報告書に「西都原古墳ノ時代ニ就テ」とする考察を寄せている。そのなかで、西都原古墳には形式上少なくとも三種の区分があり、巨大な土工を主としたもの、石槨《せっかく》的内部を主としたもの、大土工的墳墓の起らなかった時代の未完成的墳墓および土工石工ともに衰頽した堕落的時代の古墳とした。そして、大土工的古墳の隆盛期を応神《おうじん》・仁徳《にんとく》両朝前後、石槨制の古墳の流行したのは仏教渡来以後大化改新にいたるあいだとした。この年代観は、現在的な視点からは疑問もあるものの、当時としては年代的指標を示した点で画期的であり、その後も長きにわたって影響を与えつづけることとなる。

神代の古蹟の存在を強く期待していた地元の思いに対して、「西都原は古墳時代の墳墓である」という至極当然の結論を導いたことは学者たちの真摯さであった。また、宮崎県民に対して文化財保護の精神を植えつける契機となったことも大きな成果であ

図6 ● 大正時代の西都原古墳群調査
左：1912年（大正元）の第１次調査に参加した学者たち。日向国一之宮である都農神社での記念写真。右：黒板勝美、今西龍らが発掘した72号墳の粘土槨。

ろう。有吉知事は発掘の前後において、地元の作業従事者らに発掘にむけての心構えや各人が地方の指導者として活動するよう要請し、東京帝国大学の黒《くろ》板《いた》勝《かつ》美《み》は地元でおこなわれた講演会で、古墳を保護するためには法規や罰則ではなく地元の人間の意識が重要であるとの発言をしている。この大正の発掘調査は、宮崎県における文化財保護の実質的な第一歩であった。

歴史的景観の保護

その後、西都原古墳群は一九三四年（昭和九）に「史蹟名勝天然紀念物保存法」により史跡に指定され、一九五二年には「文化財保護法」により特別史跡に指定された。一九六五年には、文化財保護委員会（現・文化庁）が発表した「風土記の丘設置構想」にもとづき、その第一号として整備計画が採択された。一九六九年までの事業期間に個別の古墳だけでなく、史跡地内の面としての公有化と環境整備、

図7 ● 風土記の丘整備事業直後の西都原古墳群
古墳が分布する範囲は面的に整備され、その周囲には畑（民有地・指定外）が広がっている。現在の西都原の景観はこのころに形づくられた。1968年12月撮影。

資料館の建設などがおこなわれた（図7）。

この整備においては、個々の古墳の史的解釈よりもイメージとしての景観整備に主眼がおかれ、古墳群の主要なエリアを「草原の古墳群」「森の中の古墳群」「散策の古墳群」としてゾーニングされた。しかしその後は、「手をつけないことこそが保存」という時代的風潮のなか、積極的な調査や整備はおこなわれず、季節によっては雑草に埋もれて古墳の位置や形さえわからない状態になるなど、古墳群はしばらくのあいだ、静かな眠りにつくことになる。この時期、宮崎県と西都市、地元住民代表による覚書が交わされ、官民一体となった西都原の景観保持が図られた。電線などは地下に埋設し、人工物を極力排除した風景は、人びとを古墳時代へと誘う歴史的文化的景観形成の第一歩となったのである。

続く調査と整備

一九九〇年代になると、史跡の積極的な整備と活用を重視する時代の要請にこたえ、宮崎県では一九九五年から西都原古墳群の保存整備・活用を目的とした発掘調査を開始した。大正期の調査の検証や古墳群の史的変遷を理解するための調査と整備は、現在も継続している。古墳本来の形状や周堀の有無を確認し、築造当時の姿に復元したり埋葬主体部の見学施設を設けるなど、見学者が古墳をより深く理解できるための積極的な整備をおこなっている。

西都原の中心的な存在である男狭穂塚・女狭穂塚陵墓参考地についても、宮内庁の理解と協力をえて非破壊的調査がおこなわれた。一九九七年には地方自治体が実施する全国初の測量調査が、二〇〇四年からは陵墓参考地としては全国初の地中レーダー探査が実施され、詳細な測量図が作成されるとともに、両古墳の本来の形状や重複の有無を明らかにするなど多くの成果が得られた。

現在、西都原古墳群は、文化財保護法による特別史跡として、また都市公園法および宮崎県都市公園条例による県立都市公園として、そして自然公園法および宮崎県立自然公園条例による県立自然公園として三つの顔をもち、年間一〇〇万人前後が訪れる宮崎県内第二位の観光地でもある。芝貼りによって公園整備された広々とした台地上の平坦地に大小さまざまな古墳が居並ぶ景観が、大多数の人びとがイメージする西都原古墳群の姿となっている。

表1 ● 西都原古墳群の発掘調査略年表

調査年	調査内容	調査主体（調査者）
1912年（大正元）	第1次調査（72号墳・202号墳・51号墳・70号墳・71号墳・73号墳・169号墳・170号墳・205号墳・207号墳・274号墳・171号墳）	宮崎県（黒板勝美、今西龍、濱田耕作、坂口昻、三浦敏、増田于信、関保之助、柴田常恵）
1913年（大正2）	第2次調査（35号墳・56号墳・22号墳・36号墳・57号墳・115号墳・無号墳）	宮崎県（鳥居龍蔵）
1914年（大正3）	第3次調査（27号墳・84号墳）	宮崎県（今西龍、梅原末治、報告：小川琢治）
1915年（大正4）	第4次調査（2号墳・152号墳・156号墳・159号墳・160号墳）	宮崎県（柴田常恵、原田淑人）
1916年（大正5）	第5次調査（13号墳）	宮崎県（内藤虎次郎、今西龍）
1917年（大正6）	第6次調査（265号墳・80号墳・無号Ｂ墳）	宮崎県（濱田耕作、梅原末治、原田淑人、原勝郎）
1956年	4号地下式横穴墓	日高正晴
1966～69年	風土記の丘整備事業による調査	宮崎県
1995～98年	古墳群の保存整備事業（206号墳）	宮崎県教育委員会
1995～2000年	同上（13号墳、酒元ノ上横穴墓群）	宮崎県教育委員会
1989～2001年	同上（100号墳）	宮崎県教育委員会
1998～2003年	同上（169号墳）	宮崎県教育委員会
1998～2001年	同上（171号墳）	宮崎県教育委員会
2000～02年	同上（173号墳）	宮崎県教育委員会
2001～06年	同上（4号地下式横穴墓・111号墳）	宮崎県教育委員会
2003～07年	同上（46号墳）	宮崎県教育委員会
2004～06年	同上（170号墳）	宮崎県教育委員会
2004～05年	同上（81号墳）	宮崎大学教育文化学部
2008～11年	同上（202号墳）	宮崎県教育委員会
2012～14年	同上（201号墳）	宮崎県教育委員会
2012～13年	同上（284号墳）	宮崎県教育委員会
2014～17年	同上（265号墳）	宮崎県教育委員会

第2章　九州最大の古墳群

1　著名な古墳群

西都原古墳群は全国的に著名な古墳群の一つである（図8）。「南九州の大古墳群」「建国神話の舞台にある古墳群」としてその名が知られている。その中心的存在は、陵墓参考地に治定されている男狭穂塚古墳と女狭穂塚古墳で、ともに墳長一七六メートルを誇る巨大古墳である。女狭穂塚古墳は九州で最大の前方後円墳であり、全国では四八位である。また、男狭穂塚古墳は全国最大の帆立貝形古墳である。第二位の乙女山《おとめやま》古墳（奈良県）が墳長一三〇メートルであり、いかに男狭穂塚古墳が突出しているかを物語っている。

また、指定範囲が広く古墳の密集度も高いこと、一九一二年（大正元）から日本で最初の本格的・組織的な古墳の発掘が実施されたこと、重要文化財の埴輪子持家・埴輪船の存在、風土記の丘第一号として整備されたこと、歴史的文化的景観が色濃く保持されていることなども、西都原古墳群が著名な理由である。歴史教科書の多くにも、西都原古墳群や埴輪の写真が掲載されてきた。

しかし、古くから全国にその名は知られていた西都原古墳群も、近年に至るまで具体的な中身については漠然とした状態であった。一九三四年（昭和九）に国史跡、一九五二年に特別史跡と早い時期に指定を受け保護が図られた反面、発掘調査などが制限されていたことも一因である。古墳の年代的位置づけや首長墓の変遷、群構造の理解などについては、大正時代の発掘を大きく超える情報はなかった。

そうしたなか、女狭穂塚古墳と畿内の大王陵の墳形比較をおこなった網干《あぼし》善教《よしのり》の論考は、日向と畿内の古墳の直接的な関係や年代比較の定点をさぐるものとして注目されたが、素材とな

図8 ● 整備の進む現在の西都原古墳群
台地縁に沿って多くの前方後円墳がならぶ。写真上半部左側に樹木におおわれた男狭穂塚・女狭穂塚陵墓参考地が、中央に円形の206号墳（鬼の窟古墳）がみえる。

る測量図が一九二六年（大正一五）測量、一九二九年（昭和四）製図のものしかない段階では資料的な制約があったことは否めない。その後、多くの書籍や論考、全国的な古墳の集成本などに西都原古墳群がとりあげられる場合も、五世紀をさかのぼらないとするある種の先入観があった。

こうした状況を打開し今日的な古墳群の検討と理解をもたらす契機となったのは、一九八四年にはじまる『宮崎県史』の編さん事業にともなう県内の前方後円墳の測量図作成と、一九九五年にはじまる保存整備事業による発掘調査であった。測量図の検討、発掘による出土品からの年代推定などをへて、前方後円墳の多くは古墳時代前期に築造されたものと考えられるようになったのである。

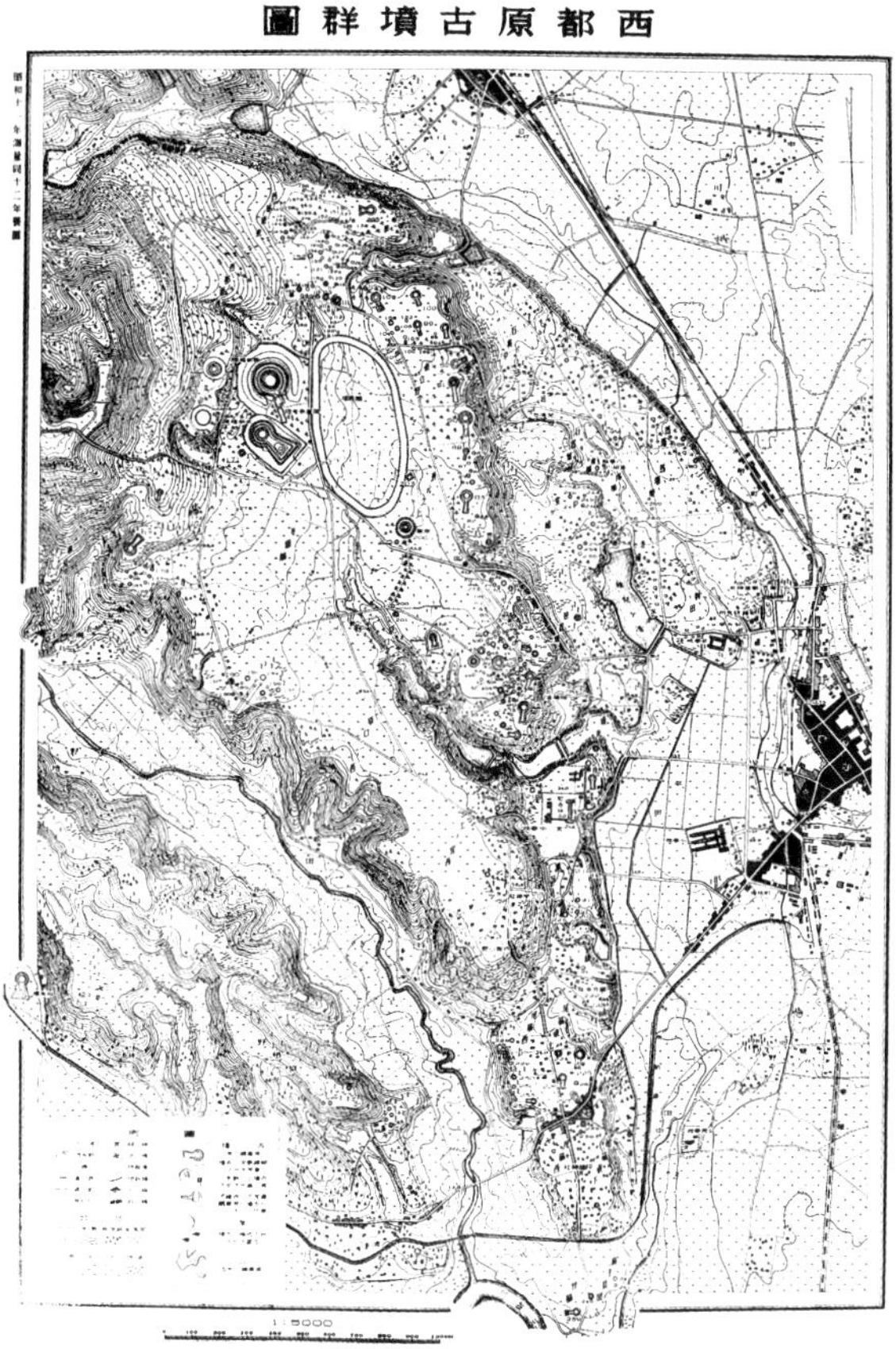

図9 ● 1936年（昭和11）ごろの西都原の地図
原田仁による測量図。それまでスケッチや略測図しかなかった西都原古墳群の全体像を明らかにした。古墳の形状や位置関係を正確に表現している。

2　西都原古墳群の群構成

古墳の数は

西都原古墳群の古墳の数に関して一九四〇年（昭和一五）に刊行された『日本古文化研究所報告　第十　西都原古墳の調査』は、一九三四年（昭和九）に史跡指定を受けた二八二基と、その後の調査などで追加された四五基、陵墓参考地である男狭穂塚古墳・女狭穂塚古墳の二基を加えた三二九基としている。その内訳は前方後円墳三二基、方墳一基、円墳二九六基である。

これに対して、現時点での公的な数としては、宮崎県教育委員会が管理する『古墳台帳』に記載されている三一七基に陵墓参考地の二基を加えて三一九基である（前方後円墳三二基、方墳二基、円墳二八五基）。この差は、一九五二年に特別史跡に指定され、その後の公有化の段階で指定に含まれないものがあったためであろう。

近年の調査によって、未指定古墳の存在が確認されたり、発掘調査や地中探査によって削平された古墳の周堀が明らかになるなど、実際には三二〇基を超える古墳が存在したことは確実である。ただし、指定番号が付された古墳のなかにも、他の古墳に付属する施設や中世以降の供養塚なども含まれている可能性が指摘されることから、厳密な意味での古墳の総数は今後の個別の調査を待つほかない。

これらの高塚古墳に加え、西都原には横穴墓と地下式横穴墓も混在している。横穴墓は列島各地に広く分布する墓制であるが、西都原では一九九四年にはじめて発見された。古墳群内の酒元《さかもと》ノ上《のうえ》地区に発見された一〇基の墓道には、それぞれ一～二基の横穴墓がともなっている。

また、詳細は後章で説明するが、南九州のみに分布する在地性の強い地下式横穴墓が、正式に発掘調査を受けて記録や出土品が残されているものに加え、過去の新聞報道なども勘案すると、西都原には七〇基前後存在したと思われる。近年の地中レーダー探査によって古墳群内に多くの地下空洞の反射が確認されていることから、その数はさらに増えるものと考えられる。

首長墓の系列と立地

三〇〇基を超える古墳が南北四・二キロ、東西二・六キロもの広範囲に分布する西都原古墳群。前方後円墳だけでも三二基が存在しており、そのほとんどが古墳時代前期（三世紀末～四世紀後半）から中期前半（五世紀前半）に築造されたものである。

これらを一系列の首長墓の累積ととらえることには無理がある。そこで古墳の分布状況を詳細に観察し、立地する台地面やそれらを開析する大小の谷地形によって区分してみると、一〇～一三の単位がみえてくる（図10）。一つの単位内に存在する前方後円墳の数は最大で六基となり、前期から中期前半の約一五〇年のあいだに代を重ねて築造されたと考えるとその数と期間は整合的である。この立地の違いで区分される単位は、古墳の築造集団の単位ととらえることもでき、複数の集団が同時期的に存在し、それぞれに造墓活動をおこなった総体としての姿が、西都原古墳群の本来の姿であると理解される。本書では、この各単位集団を「支群」とよぶことにしたい（図11）。

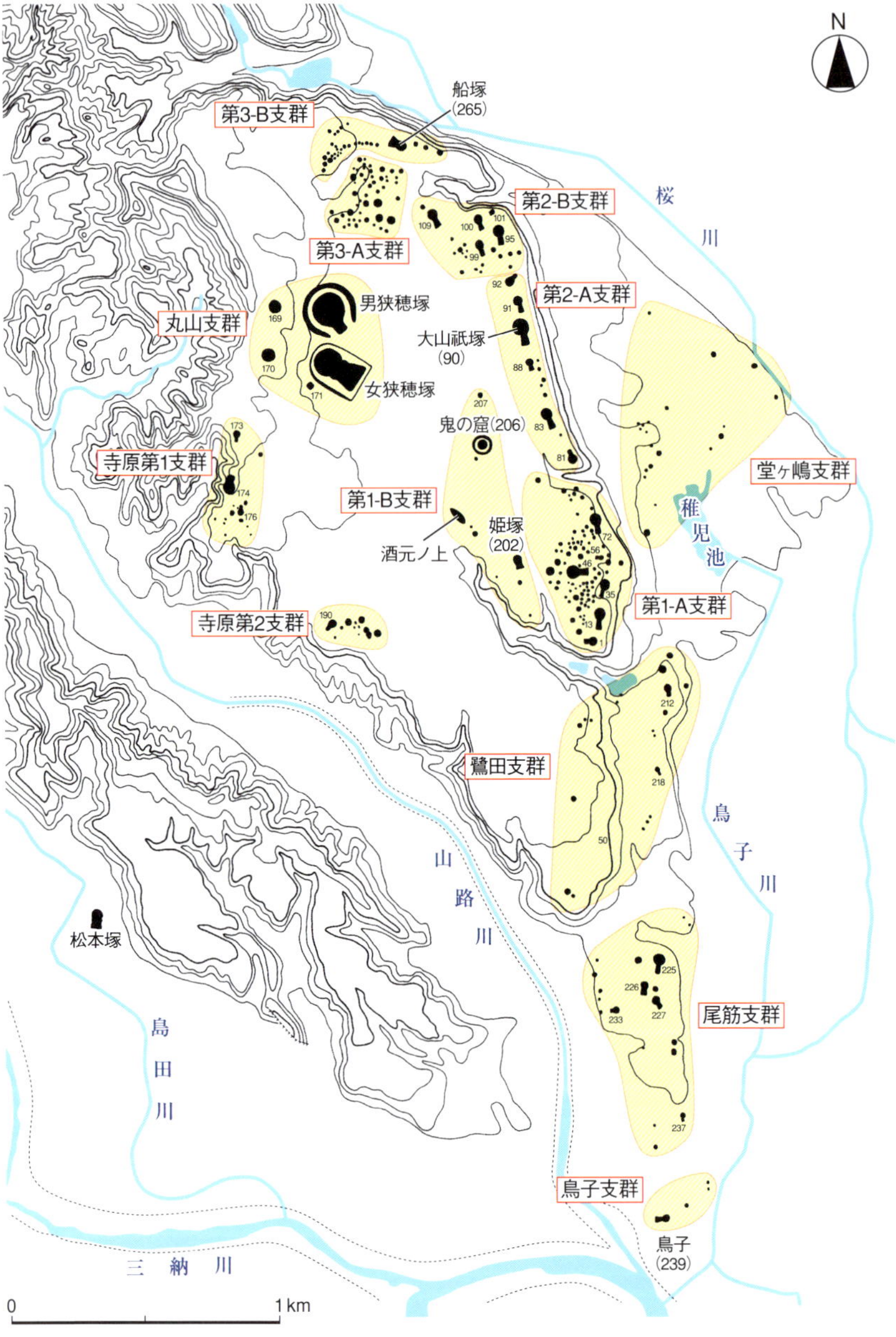

図10 ● 西都原古墳群の群構成

古墳の立地する台地面のちがいや谷地形に区切られるように、13の小単位に分かれる状況を読みとることができる。

史跡公園として整備されている西都原台地上では、南から台地縁辺にそって第一、第二、第三の支群が展開する。これらの支群はさらに、小規模な谷や築造年代の差によってA・Bの二群に区分することができる。

第一支群は、一、一三、三五、四六、五六、七二号墳の六基の前方後円墳と中小の円墳で構成されるA群と、南からのびる谷をはさんで西側に立地する二〇二号墳（前方後円墳）と小円墳、酒元《さかもと》ノ《の》上《うえ》地区に位置する横穴墓群、開口した横穴式石室を有する二〇六号墳（鬼の窟古墳）などで構成されるB群に区分される。

第二支群は、台地縁辺にそって列状にならぶ前方後円墳と円墳で、八一〜九二号墳までがA群、小谷を隔てた九五〜一一〇号墳までがB群となる。なお、第二―B支群に存在する小円墳と考えられていた一〇一号墳は、方墳であることが近年の発掘調査で判明した。

第三支群は、古墳群でもっとも北に位置し、四号地下式横穴墓を主体

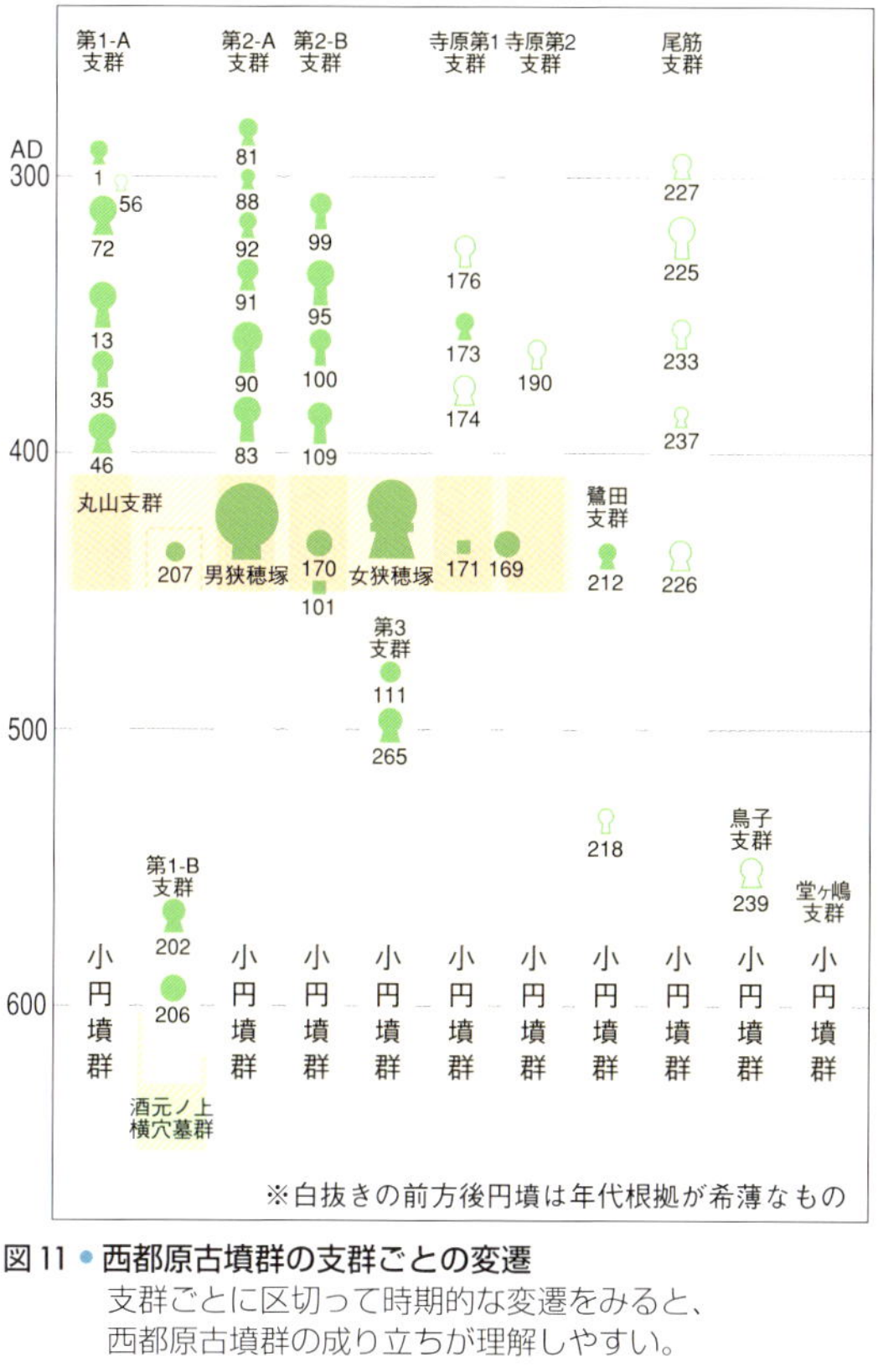

図11 • 西都原古墳群の支群ごとの変遷
支群ごとに区切って時期的な変遷をみると、
西都原古墳群の成り立ちが理解しやすい。

部とする大型円墳の一一一号墳など大小の円墳のみで構成されるA群と、これらをほぼ方形にとりかこむ谷地形の外側に位置するB群に分かれ、支群唯一の前方後円墳である二六五号墳はB群に位置する。

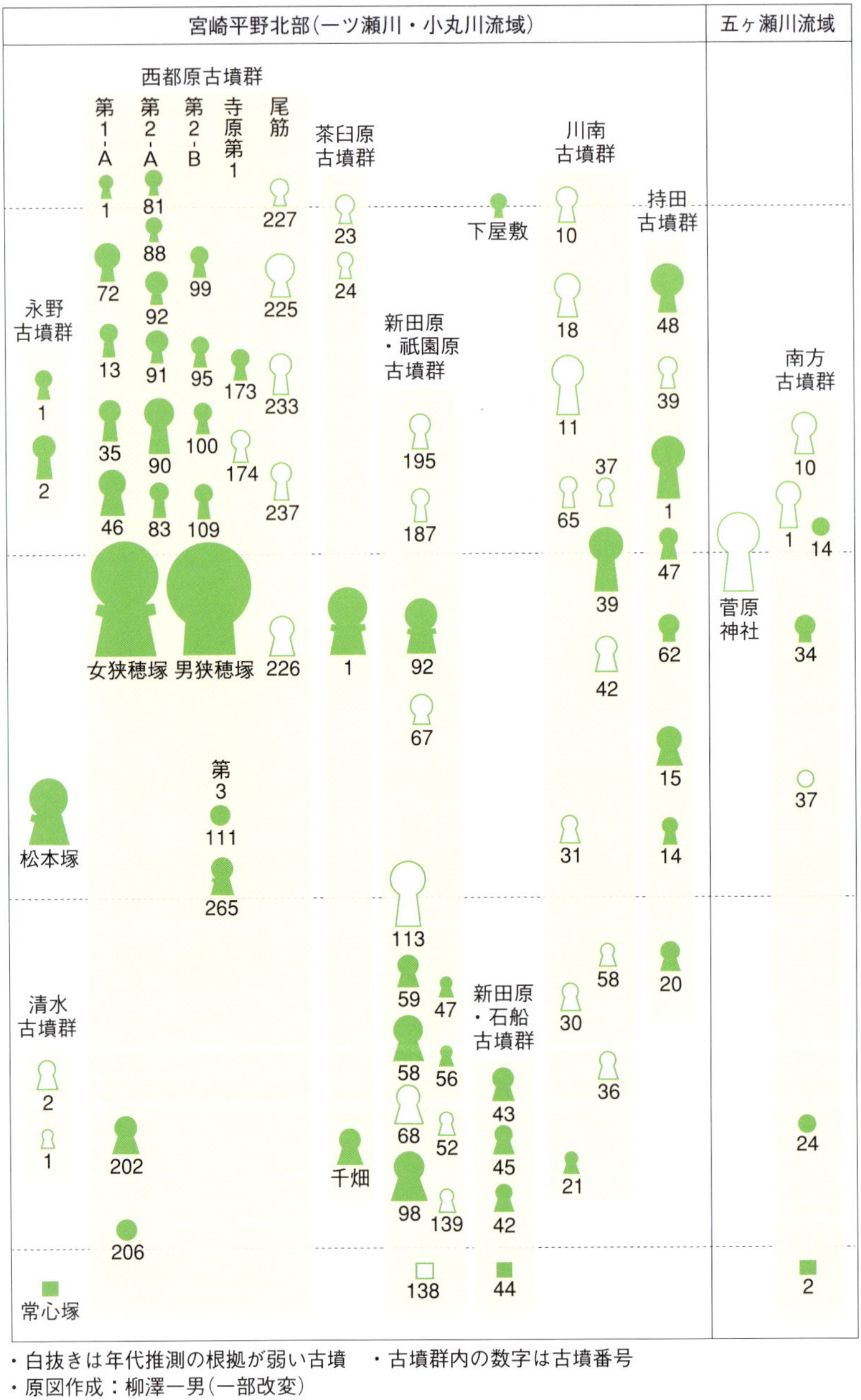

・白抜きは年代推測の根拠が弱い古墳　・古墳群内の数字は古墳番号
・原図作成：柳澤一男（一部改変）

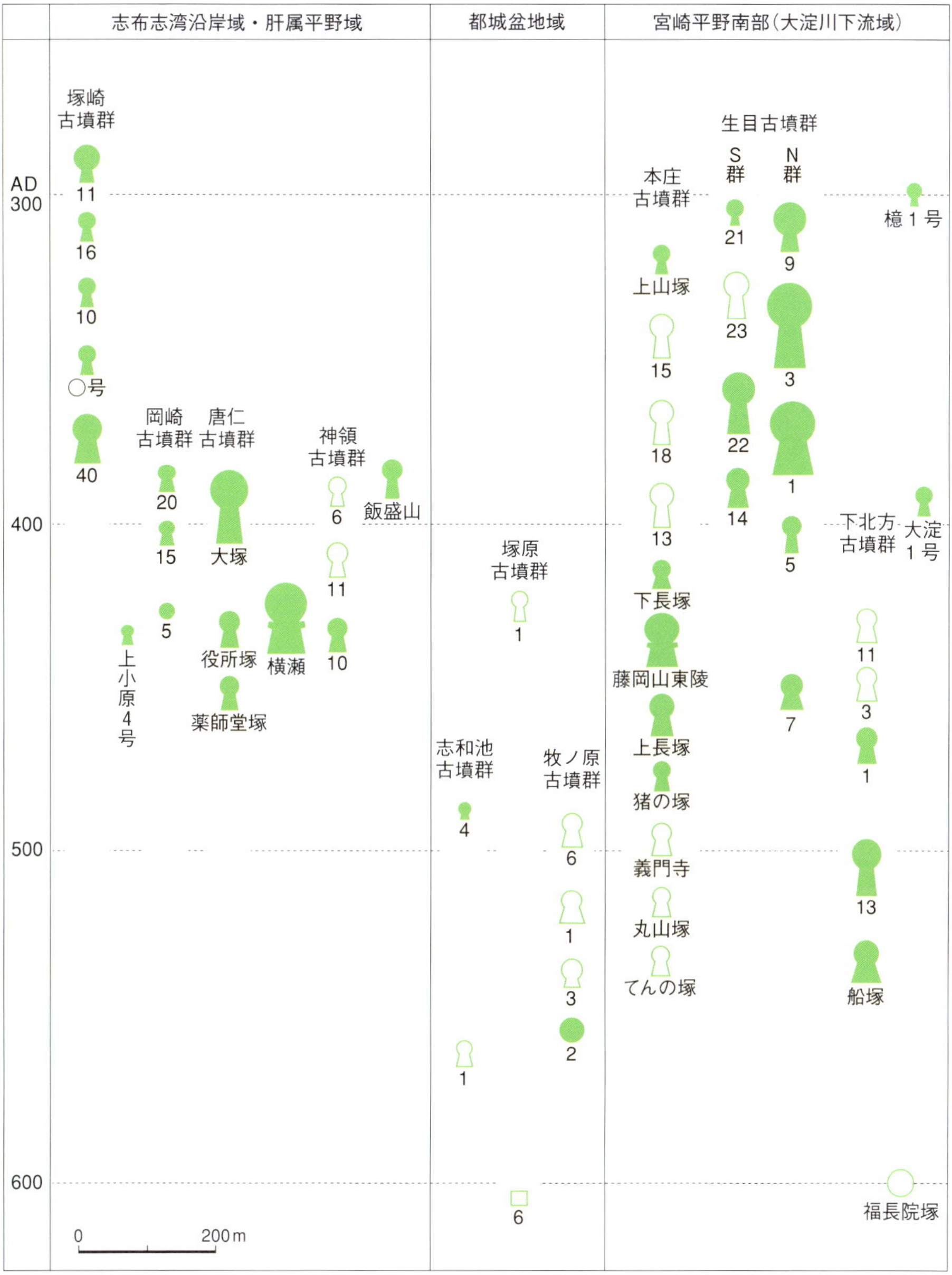

図 12 • **南九州の首長墓系列の変遷**
南九州全体を代表するかのような各時期ごとの最大規模古墳が、平野や河川流域を越えて移動している状況を読みとることができる。これは「盟主権の移動」と理解される。

そのほか台地の中央部には、陵墓参考地である男狭穂塚古墳・女狭穂塚古墳とその陪塚三基で構成される丸山支群、台地西縁には寺原《てらばる》第一支群と寺原第二支群が存在する。

西都原台地の南側には、標高三〇〜六〇メートルに位置する鷺田《さぎた》支群、さらに南には標高二〇〜三〇メートルに位置する尾筋《おすじ》支群、台地東側の中間台地で標高二〇〜三〇メートルに位置する堂ヶ嶋《どうがしま》支群、そして古墳群の最南部で標高一〇メートル前後の沖積地には、二三九号墳（前方後円墳）を含む鳥子《とりこ》支群が位置する。鷺田・尾筋・堂ヶ嶋の各支群は、古墳の分布状況が散漫であり、今後の調査の進展によってはさらに数群に分けてとらえられる可能性がある。

このような多くの支群＝造墓集団の総体こそが、西都原古墳群の姿なのである。

3　南九州における首長墓の消長

近年、西都原古墳群と同様に、南九州各地の古墳についても基礎的資料が整備されつつある。墳丘測量や発掘調査のデータの蓄積は、五世紀をさかのぼらないとした大正時代調査からの呪縛を解き放ち、南九州の広域的な首長墓系列の動向や他地域との比較もおこなわれるようになっている（図12、図1も参照）。

古墳時代の幕開けからまもなく、南九州の各地で古墳の築造が開始される。小丸川流域では川南古墳群（川南町）と持田古墳群（高鍋町）、一ツ瀬川流域では西都原古墳群と下屋敷《しもやしき》古墳（新富町）、狭義の宮崎平野では生目《いきめ》古墳群や檍《あおき》一号墳（ともに宮崎市）、大隅《おおすみ》地域の志布志《しぶし》湾岸・肝属《きもつき》平野では塚崎《つかざき》古墳群（肝付町《きもつきちょう》）などで、遅くとも三世紀後半から四世紀初頭にはその足跡をみいだすことができる。

南九州地域においてはじめに他を圧倒する規模で出現したのは、宮崎平野・大淀《おおよど》川流域の生目古墳群である。独立した小丘陵上に立地する一号墳は、墳長一二〇メートル以上の規模をもつ。四世紀前半の築造と推定されているが、四世紀後半に下る可能性も指摘されている。三号墳は墳長一三七メートルの規模を誇り、四世紀中ごろの築造である。古墳時代前期においては九州最大の前方後円墳である。続く四世紀後半の二二号墳も墳長一〇〇メートルを超える。

一号墳の年代的位置づけについては検討の余地を残すとしても、四世紀代に一〇〇メートル超の前方後円墳三基をつづけざまに生みだした生目の勢力は、南九州の地域首長のなかでも突出した存在であった。

四世紀の後半には、小丸川流域の川南古墳群と持田古墳群で、それぞれの群内最大規模の前方後円墳が出現しているが、生目の優位性はゆらいでいない。

四世紀末ごろ、急激に墳丘規模を縮小させた生目古墳群と対照的に、墳長一五四メートルと破格の規模で登場するのが大隅地域の唐仁大塚《とうじんおおつか》古墳（肝属郡東串良《ひがしくしら》町）である。当該期の九州最大の古墳であり、生目に代わる南九州地域首長の雄である。

こうしたなか四世紀代の西都原古墳群では、五〜六つの首長墓系列が並行して前方後円墳を築造しているが、墳丘規模の面では生目古墳群や唐仁大塚古墳には遠くおよんでいない。しかし、五世紀前半、突如として二基の巨大古墳が西都原に出現する。男狭穂塚・女狭穂塚の両古墳である。男狭穂塚古墳は全国で最大の帆立貝形古墳、女狭穂塚古墳は九州最大の前方後円墳であり、その墳長はともに一七六メートルと、古墳時代の全期間を通して九州最大である。

前期以来、西都原の地に前方後円墳を築造してきた複数の首長墓系列は、両古墳の出現を機に前方後円墳の築造を停止している。同じ時期、茶臼原古墳群の児屋根塚《こやねづか》古墳、祇園原古墳群の大久保塚《おおくぼづか》古墳、本庄古墳群の藤岡山東陵《ふじおかさんひがしりょう》古墳など、中期古墳として墳丘規模の大型化が認められるが、西都原の二基の前では主役の座につくことはなかった。

九州最大と突出した規模で出現した男狭穂塚古墳・女狭穂塚古墳は、出土埴輪の検討によっても明確な時期差を指摘できず、ほぼ同時期に築造されたと考えられるが、それらを継ぐ存在を西都原でみいだすことはできない。つぎの主役の座は、五世紀中葉ごろに大隅地域に登場する横瀬《よこせ》古墳（墳長一三四メートル）である。

このように南九州においては、同時期の他者を圧倒する規模の古墳が出現した後、それにつづく存在は河川流域を越えた他の地域にあらわれている。このことは、南九州各地のリーダーたちによる広域の首長連合が形成され、その盟主の座は交代で担うような政治体制が形成されていたとも考えられる。また、前期から中期中葉に、九州内における各時期の最大規模の前方後円墳が南九州に集中することについては、畿内ヤマト王権との関係の強さと解される。その背景として朝鮮半島交渉に大きな影響力をもつ北部九州勢力への牽制のため南九州が優遇されたとする考え方（白石太一郎など）や、南西諸島〜日向灘〜瀬戸内海とつなぐ九州の東まわり海上交通権の掌握にあるとする考え方（橋本達也、北郷泰道、柳澤一男など）がある。

4　九州における西都原古墳群の特質

西都原古墳群は、九州最大の古墳群といわれる。これは、総数が三〇〇基を超える高塚古墳に加え、横穴墓（約二〇基）や地下式横穴墓（約七〇基）も存在し、分布域が南北四・二キロ、東西二・六キロと広大で、前期から終末期まで古墳時代の全期間を通して築造がつづけられ、九州最大の男狭穂塚古墳・女狭穂塚古墳を擁することなどが根拠として上げられる。

九州内の古墳群において、古墳の基数で西都原につぐのは、塚原《つかはら》古墳群（熊本県熊本市）の二〇〇基以上、新田原・祇園原古墳群（宮崎県新富町）の一五〇基以上、唐仁古墳群（鹿児島県東串良町）の一三〇基以上などがあげられる。特異な例としては、相島積石塚群《あいのしまつみいしづか》（福岡県新宮町）では二五〇基以上の積石塚が存在する。

また前方後円墳の数だけに絞ってみても、三二基の西都原古墳群に対し、川南古墳群（宮崎県川南町）が二四基、津屋崎《つやざき》古墳群（福岡県福津市）が一五基、新田原・祇園原古墳群が一四基、八女古墳群（福岡県八女市）が一二基と、西都原が群を抜いている。

こうした状況の背景には、南九州の古墳群のあり方の特徴が大きくかかわっている。第一にあげられるのは、古墳の立地である。北部九州や本州、四国など多くの地域の古墳、とくに前方後円墳などの首長墓は、集落や可耕地などその被葬者が治める地域をみおろす丘陵頂部や尾根上に選地することが多いのに対して、南九州、とくに宮崎平野以南の古墳群では、「原」とよばれる広大で平坦な台地上に古墳を築造する。また同一の台地上に、複数の首長墓系列が並行して古墳を築造することもある。

西都原では、標高六〇～八〇メートルの西都原台地上に、小規模な谷などを境としながら五つの首長墓系譜が古墳を築造している。台地につながる標高三〇メートル前後の中間台地にもさらに二つの系譜が古墳を築造しており、同一台地とその周囲に七つの首長墓系譜が共存しているのである。こうした状況は、全国的にみても特異なものである。

また、同一の墓域を長期にわたって継続して使用することも大きな特徴である。西都原古墳群は、六つの首長墓系譜が併存した前期から中期初頭と、九州最大の規模で男狭穂塚古墳・女狭穂塚古墳が登場した中期前半までは「首長の墓域」であった。しかし、それ以降は性格が変容し、中小規模の円墳や地下式横穴墓で構成される「群集墳の墓域」となる。中期後半以降にも二六五号墳（船塚、五世紀末）や二〇二号墳（姫塚、六世紀後半）などの前方後円墳や、大規模な横穴式石室を有する円墳である二〇六号墳（鬼の窟古墳、六世紀末）など首長墓も築造されてはいるものの、その周囲には中小規模の円墳や地下式横穴墓などが展開している。前期以来、首長墓が代を重ねて築造された範囲にも、あいだを縫うように群集墳が築造されている。

このように前期から後期まで、首長墓築造から群集墳の造営まで、同一の台地が墓域として利用されることは、川南、持田、祇園原、生目、本庄など日向の主要な古墳群で認められる現象であり、古墳群の分布範囲や古墳数の大規模化の主たる要因である。その最たるものが西都原古墳群であるといえる。

では、次章では西都原古墳群の各支群の代表的な古墳について、時期別にみていこう。

POST CARD

恐れいりますが
切手をお貼り
ください

113-0033

東京都文京区本郷
2-5-12

新泉社

読者カード係 行

ふりがな		年齢	歳
お名前		性別	女 ・ 男
		職業	
ご住所	〒 都道府県 区市郡		
お電話番号	– –		

◉アンケートにご協力ください

・ご購入書籍名

・本書を何でお知りになりましたか

□書　店　　□知人からの紹介　　□その他（　　　　　　　　　　　　）

□広告・書評（新聞・雑誌名：　　　　　　　　　　　　　　　　　　）

・本書のご購入先　　□書　店　　□インターネット　　□その他

（書店名等：　　　　　　　　　　　　　　　　　　　　　　　　　　）

・本書の感想をお聞かせください

＊ご協力ありがとうございました。このカードの情報は出版企画の参考資料、また小社からの新刊案内等の目的以外には一切使用いたしません。

◉ご注文書（小社より直送する場合は送料1回290円がかかります）

書　名	冊　数

第3章　首長墓の変遷

1　並列する複数の首長墓系列——前期

古墳群の形成前夜

一九一七年（大正六）、大正の第六次調査で発掘された小円墳がある。第一―A支群の最東端に位置する二八四号墳である。京都帝国大学の濱田耕作と梅原末治《うめはらすえじ》が「無号B墳」として墳丘頂部を発掘し、その際に出土した土器の特徴から、弥生時代終末期に築造された墳丘墓の可能性が指摘されていた。二〇一二年には宮崎県教育委員会が再発掘し、埋葬施設は確認されなかったものの、長軸一八・二メートル、短軸一五・二メートルの楕円形の墳丘であることが判明した。出土した土器は壺・鉢・高坏《たかつき》・器台《きだい》などで、大正期の出土品と接合するものもあった。いずれも弥生時代終末期のものと判断され、同墳が弥生墳丘墓であることが確定した。こうした発掘調査の成果によって、古墳群形成直前の西都原の一端が明らかになった。

西都原における最古の古墳

現時点で西都原における最古の古墳は、第二―A支群の南東端に位置する前方後円墳の八一号墳である。宮崎大学教育文化学部が一九九四年に墳丘を測量し、二〇〇四～〇五年に発掘調査した（図13）。

第二支群に存在する前方後円墳の多くは台地縁に沿うようにならび、墳丘主軸を段丘崖と平行したほぼ南北にとり、後円部を北に置くのに対し、八一号墳は同じく主軸を南北にとりながら後円部は南に置いている（図19参照）。撥《ばち》形に開く短小の前方部と、後円部背面裾部には突出部と張り出し部をもつという変わった形をしている。

突出部を除いた墳長は五三・七メートル、突出部まで含めた全長は五九メートル、後円部径は三五・八メートルである。石垣状の石積みをともなう突出部は、幅一五メートル、奥行き九メートルの半円形で、上部平坦面に木棺直葬の埋葬施設をもつ。突出部西側に接続する張り出し部には、二基の埋設土器がみられた。これらの突出部と張り出し部は、墳丘築造と同時期に造られたものである。後円部墳頂平坦面の中央には、墳丘主軸と直交するように東西方位の長さ五メートル、幅三メートル程度の埋葬施設が約二メートルの深さに存在する可能性が高い。これは地中レーダー探査により判明したもので、西側斜面につながる溝状の反射は発掘調査においても確認されており、その強い反射から墓道（作業用通路）の可能性が高い。このほか発掘調査で、後円部背面の突出部上に木棺直葬一基、くびれ部西側に木棺直葬の痕跡二基、後円部西側斜面に土器棺一基がみつかった。後円部墳頂平坦面、後円部斜面、突出部などから二重口縁壺、大型壺、広口壺、高坏などの土師器《はじき》が出土した。ほとんどが在地系のものであるが、一部畿内系も含まれている。

八一号墳は、出土した土師器などから、古墳時代前期の三世紀末から四世紀初頭ごろの築造と考えられ、西都原古墳群で最古段階の前方後円墳である。奈良県の纒向石塚《まきむくいしづか》古墳と相似形であるとの指摘もあり、日向における古墳の出現を考えるうえで重要な鍵を握る存在である。そして、この八一号墳の築造を契機として西都原古墳群では複数の集団が古墳の築造を開始する。

第一―A支群

第一―A支群は、四世紀初頭の一号墳から四世紀末から五世紀初頭の四六号墳まで、六基の前方後円墳が代を重ねて安定して築造されており、男狭穂塚古墳・女狭穂塚古墳が出

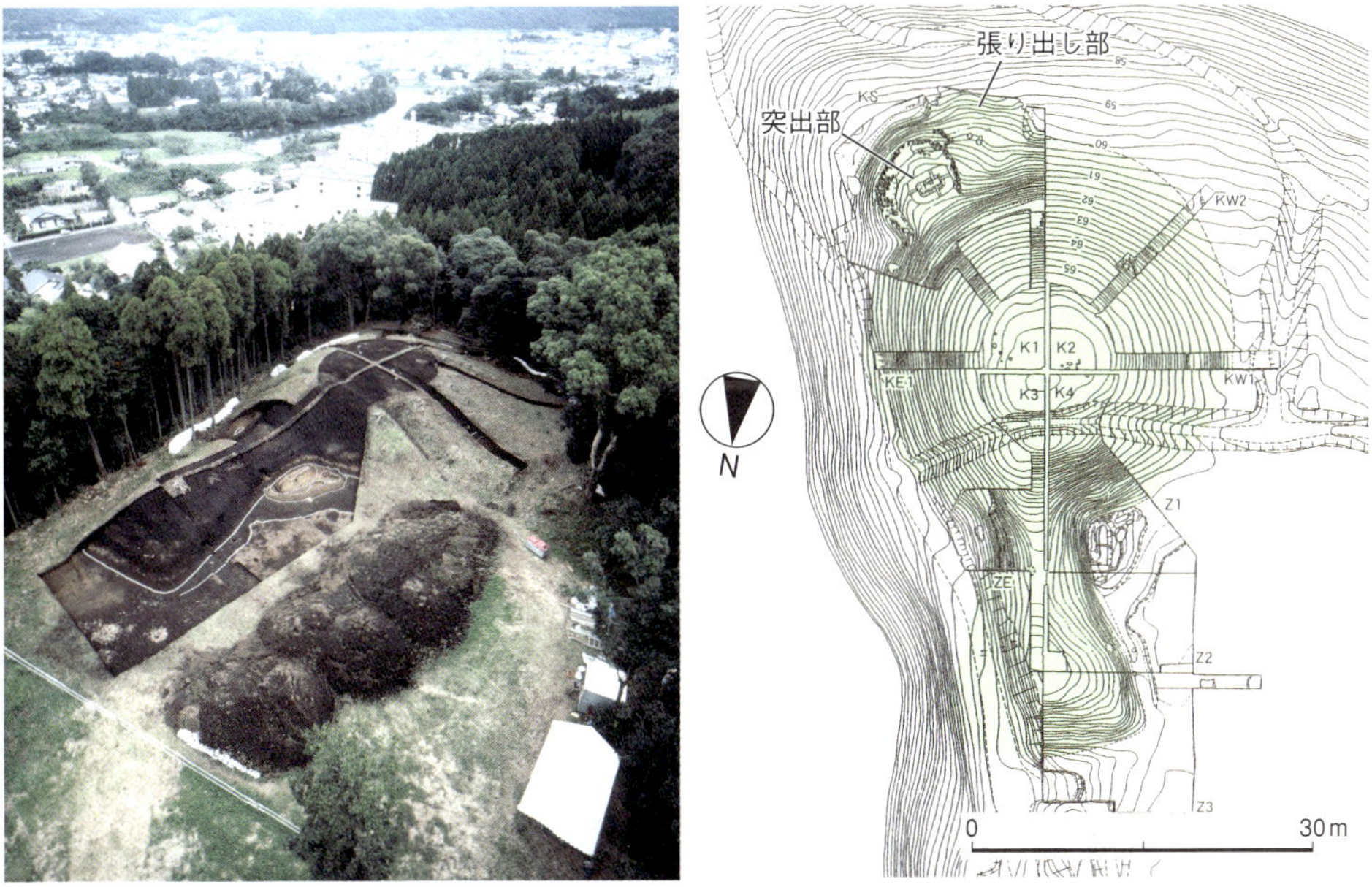

図13 ● 西都原最古の前方後円墳（81号墳）
西都市街地を望む台地の端部に立地する。後円部背面の突出部と右くびれ部に木棺の直葬が、突出部西側に接続する張り出し部と後円部西側斜面に土器棺がみられた。後円部墳頂にも埋葬施設が存在する可能性がある。

現する以前の西都原古墳群におけるもっとも典型的な首長墓系譜といえる（図14）。

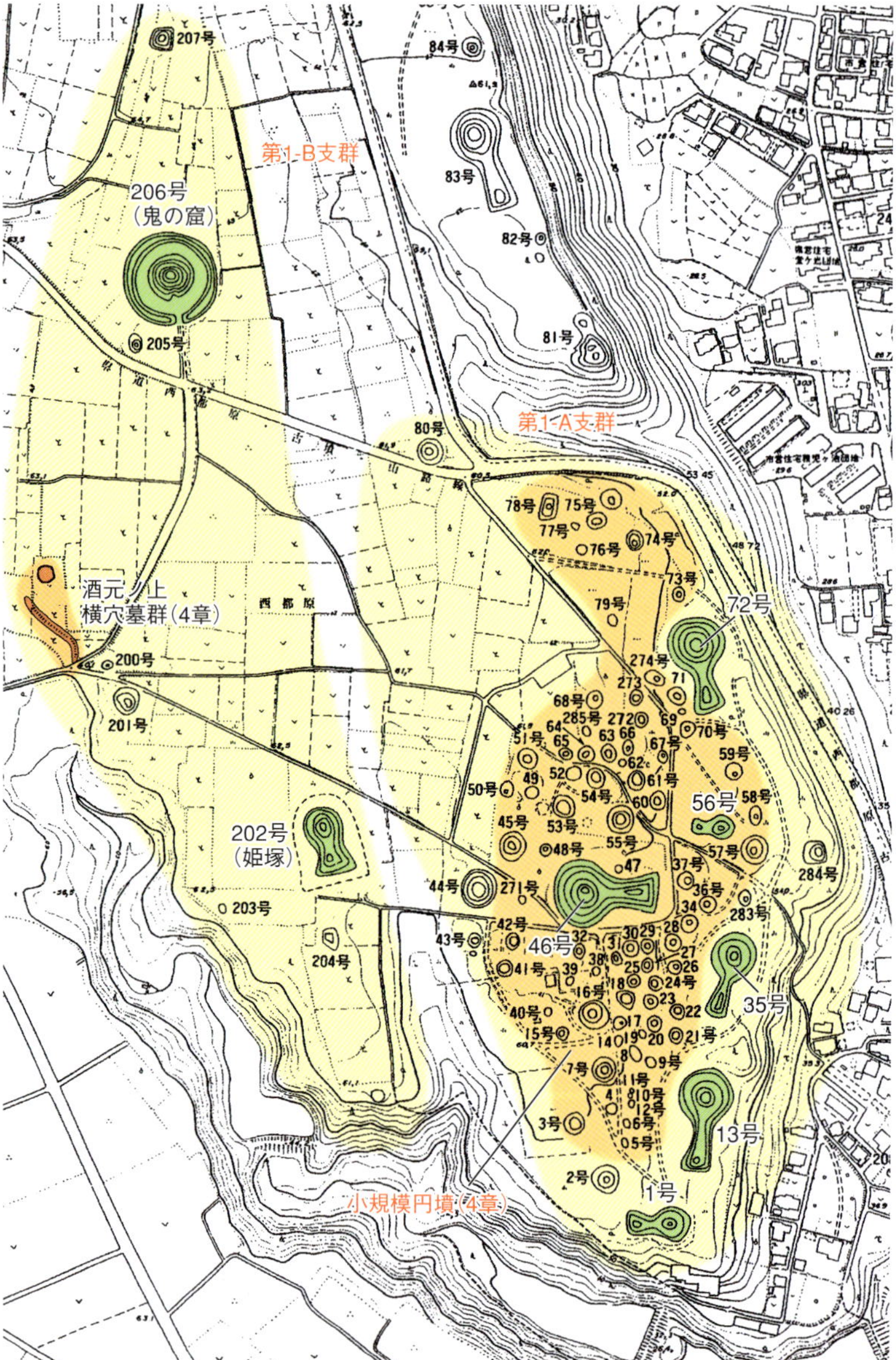

図14 ● 西都原古墳群第１支群
6基の前方後円墳と小規模円墳で構成されるA群と、前方後円墳１基、大型円墳１基、小規模円墳、横穴墓で構成されるB群に分かれる。

一号墳

一号墳は支群の南東隅に立地し、台地を開析する谷地形に沿うように主軸を東西にとり、後円部を東にむける。これまで発掘調査はおこなわれていないものの、墳形などから同支群でもっとも早く築造され、その時期は八一号墳にわずかに遅れる四世紀初頭と推定される。

七二号墳

七二号墳は支群内北寄りの位置に立地する柄鏡形《えかがみ》（前方部が細長い）の前方後円墳で、段丘崖に平行してほぼ南北に主軸をとり、後円部を北にむける。大正の第一次調査で黒板勝美と今《いま》西龍《にしりゅう》らが発掘した。墳長約七九メートル、後円部径約五〇メートル、前方部幅約三九メートルである。後円部・前方部ともに三段築成《ちくせい》で、墳丘斜面には葺石《ふきいし》がある。

埋葬施設は後円部に礫床《れきしょう》と粘土槨《ねんどかく》が各一基確認され、長さ二・五メートル、幅〇・六メートルの長方形の礫床からは鉄刀五本が出土した。粘土槨は長さ六・四メートル、幅一・六メートルの長方形で、方格規矩鏡《ほうかくきくきょう》一面（**図15**）、鉄剣四本、土器片などが出土した。

この方格規矩鏡は面径一五・五センチで、鏡背面《きょうはいめん》の内区《ないく》の大部分に布が、鈕《ちゅう》の付近に赤色顔料が付着している。半球形の鈕にはほぼ長方形の鈕孔があいている。鈕座には一

図15 ● 72号墳出土の方格規矩鏡
鈕を方形にかこむ区画の外側にT・L・V字形の文様を配している。全体に文様は不鮮明だが、魏晋代の方格規矩鏡の代表例の一つである。

重突線の方格があり、その外側に八個の乳《にゅう》が配され、その外側を二重突線の方格がかこむ。内区には八個の乳が配され、方格側にT字、外周側にV字とL字の規矩文がみられる。内区外周には波文帯《はもんたい》と櫛歯文帯《くしはもんたい》が、外区《がいく》には鋸歯文《きょしもん》と複線波文があり、縁部《えんぶ》は素文《そもん》である。全体に文様は不鮮明であるが、魏晋《ぎしん》代の方格規矩鏡の代表例の一つである。

また、前方部にも長さ五・五メートル、幅〇・六メートルの礫床がみつかり、鉄剣一本、鉄刀一本のほか刀子《とうす》や釘が出土した。出土遺物と墳形から四世紀前半ごろの築造と考えられる。

一三号墳

一三号墳は支群の南東部に位置し、大正の第五次調査で内藤虎次郎《とらじろう》と今西龍が発掘した。また、一九九五〜九七年に保存整備のため宮崎県教育委員会が発掘した（図16）。段丘崖にそって南北に主軸をとり、後円部を北にむける。墳長七九・四メートル、後円部径四三・二メートル、前方部幅二五メートルの柄鏡形である。後円部・前方部ともに三段築成で、斜面にはこぶし大

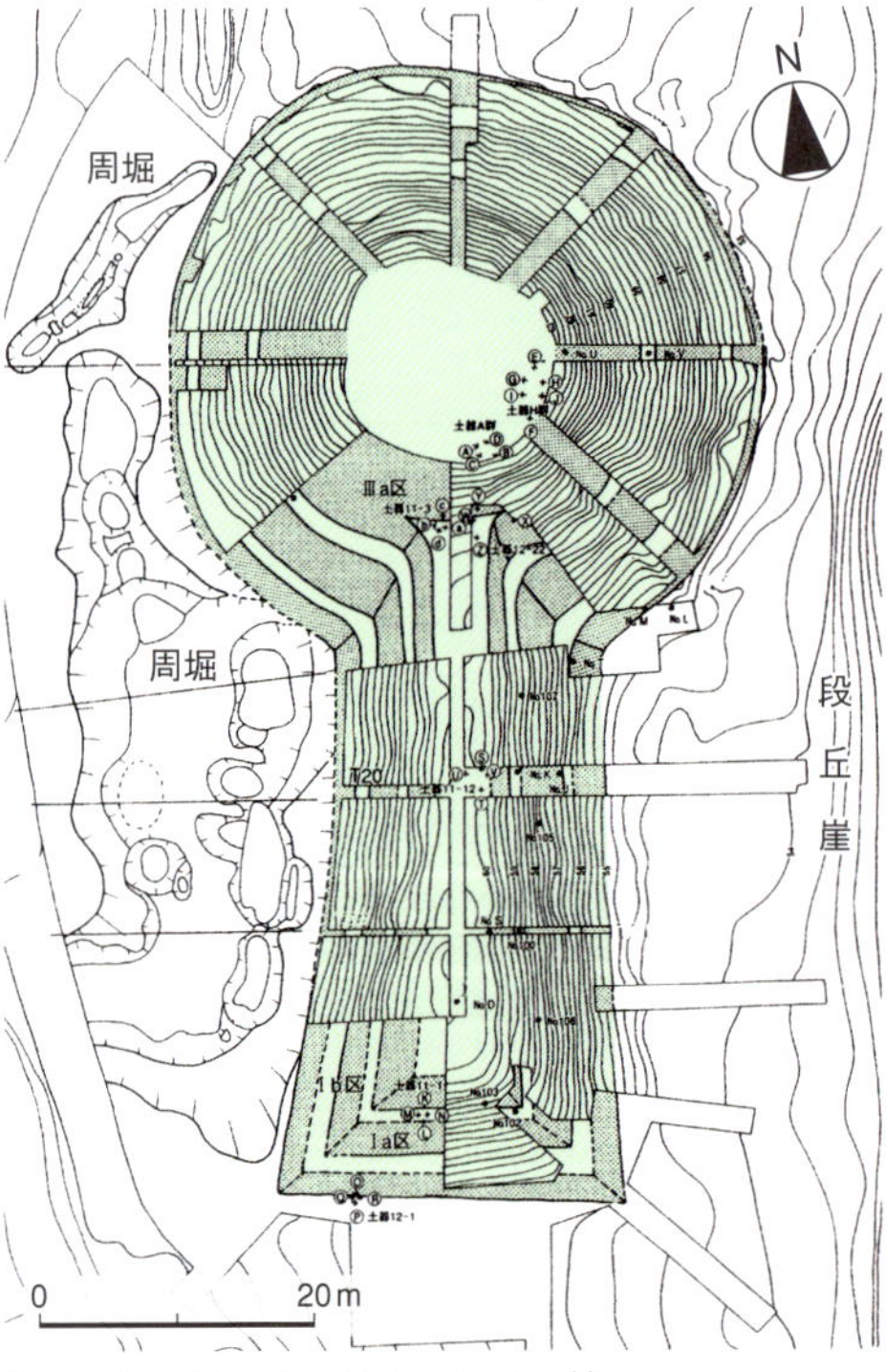

図16 ● 柄鏡形前方後円墳である13号墳
前方部・後円部とも三段築成で、周堀は不整形で墳丘左側（台地の内側）にのみ認められ、後円部後方、前方部前面、墳丘右側（台地縁側）にはみられない。

の川原石による葺石が、テラス面や墳頂平坦面には葺石よりも小ぶりの円礫が敷かれていた。

埋葬施設は全体が礫におおわれた長さ八・一メートルの粘土槨で、墳丘主軸から西に約四五度ふれた状態でみつかった。槨内には長さ六・八メートル、幅〇・五メートルの範囲に小円礫が敷かれた棺床《かんしょう》があり、舟形木棺《ふながたもっかん》の一部と思われる木材片と、仿製の三角縁三神三獣鏡《さんかくぶちさんしんさんじゅうきょう》一面、刀子一本、多数の玉類が出土した。

この三角縁神獣鏡（図17）は面径二二・三センチで、京都大学の三角縁神獣鏡目録では二一四番として登録されており、伝沖ノ島遺跡出土鏡と同笵鏡《どうはんきょう》とされている。

半球形の鈕の頂部にはわずかな突起状の平坦部があるが、鋳型をつくるための型である挽型《ひきがた》の中心部の痕跡であろう。鈕孔は横長の長方形である。鈕区と内区の境には、有節重弧文帯《ゆうせつじゅうこもんたい》がめぐる。内区は六個の乳のあいだに神像と獣像を一体ずつ配している。

神像は体全体を突線の輪郭で表現し、顔には眉、目、鼻、耳、口が表現されている。鼻の左右には顔の外までのびる短突線があり、口髭の表現と思われる。獣像は時計まわりに横向きに配置され、顔はすべて横をむいている。目、鼻、眉、口が表現され、下顎は一重弧線で表現されている。前後の足先には爪もみられる。

内区外周には圏線《けんせん》がめぐり、その内側に連続鋸歯文を配

図17 ● 13号墳出土の三角縁三神三獣鏡
大正時代の調査で出土し、仿製三角縁神獣鏡の代表例として知られてきた。

している。その外側には一〇個の乳を配した獣文帯と櫛歯文がめぐる。獣文帯には、四肢の表現を欠く獣像（象か）、双魚文《そうぎょもん》、鳥文《ちょうもん》、龍文《りゅうもん》、蛙文、単魚文《たんぎょもん》などがみられる。外区には鋸歯文、複線波文、鋸歯文と続き、外縁に小さな三角縁がつく。鏡背面全体に鋳肌《いはだ》が良く残っており、鈕にも鋳肌の凹凸が顕著である。また、鏡背面の約二分の一にもおよぶ笵傷《はんきず》がはっきりとある。

この鏡は出土時期が古いこともあり、仿製三角縁神獣鏡の代表的事例の一つとして知られてきた。古くは鳥居龍蔵《とりいりゅうぞう》がとった拓本も残っている。仿製三角縁神獣鏡の古相の文様規範が変容した時期のものという見解は多くの研究者のあいだで共通しており、四世紀半ば〜後半と目される一三号墳の築造時期ともほぼ一致する。前期古墳の編年基準としても重要な意味をもつ鏡である。

棺床の小円礫には全体に朱の付着が認められたが、これは棺の内面に塗布されていたものと考えられる。このほか後円部墳頂部や前方部の各所から土師器（壺形土器や高坏）が出土している。四世紀中ごろの築造である。

三五号墳

三五号墳は支群の東寄り、一三号墳の北側に立地する。大正の第二次調査で鳥居龍蔵が発掘した。南北主軸で後円部を北にむける。墳長約七〇メートル、後円部径約三七メートル、前方部幅約二〇メートルの、前方部が非常に細い柄鏡形である。後円部三段、前方部二段の築成で、墳丘斜面には葺石がある。

後円部墳頂から約一・八メートルの深さで、長方形の粘土槨がみつかり、方格規矩鏡一面、鉄剣一本、鉄刀一本、玉類などが出土した。前方部も発掘されたが、埋葬施設は発見されていない。四世紀後半の築造である。

四六号墳

四六号墳（図18）は支群のほぼ中央に立地し、墳丘主軸を東西にとり、後円部を西にむける。二〇〇三～〇七年に保存整備にともなう調査として宮崎県教育委員会が発掘した。墳長八三・六メートル、後円部径四九・八メートル、前方部幅三六・四メートルである。後円部・前方部ともに三段築成で、墳丘斜面は葺石でおおわれるが、墳裾部《ふんきょぶ》の根石列《ねいしれつ》の外側約一メートルにもさらに一重の石列がある。後円部平坦面では一辺三・六メートルの隅丸方形《すみまるほうけい》の掘り込みが認められ、埋葬主体部にかかわるものと思われるが、未調査であり詳細は不明である。

墳丘の各所から壺形土器や高坏などの土師器片が出土した。とくに前方部前面からは、山陰

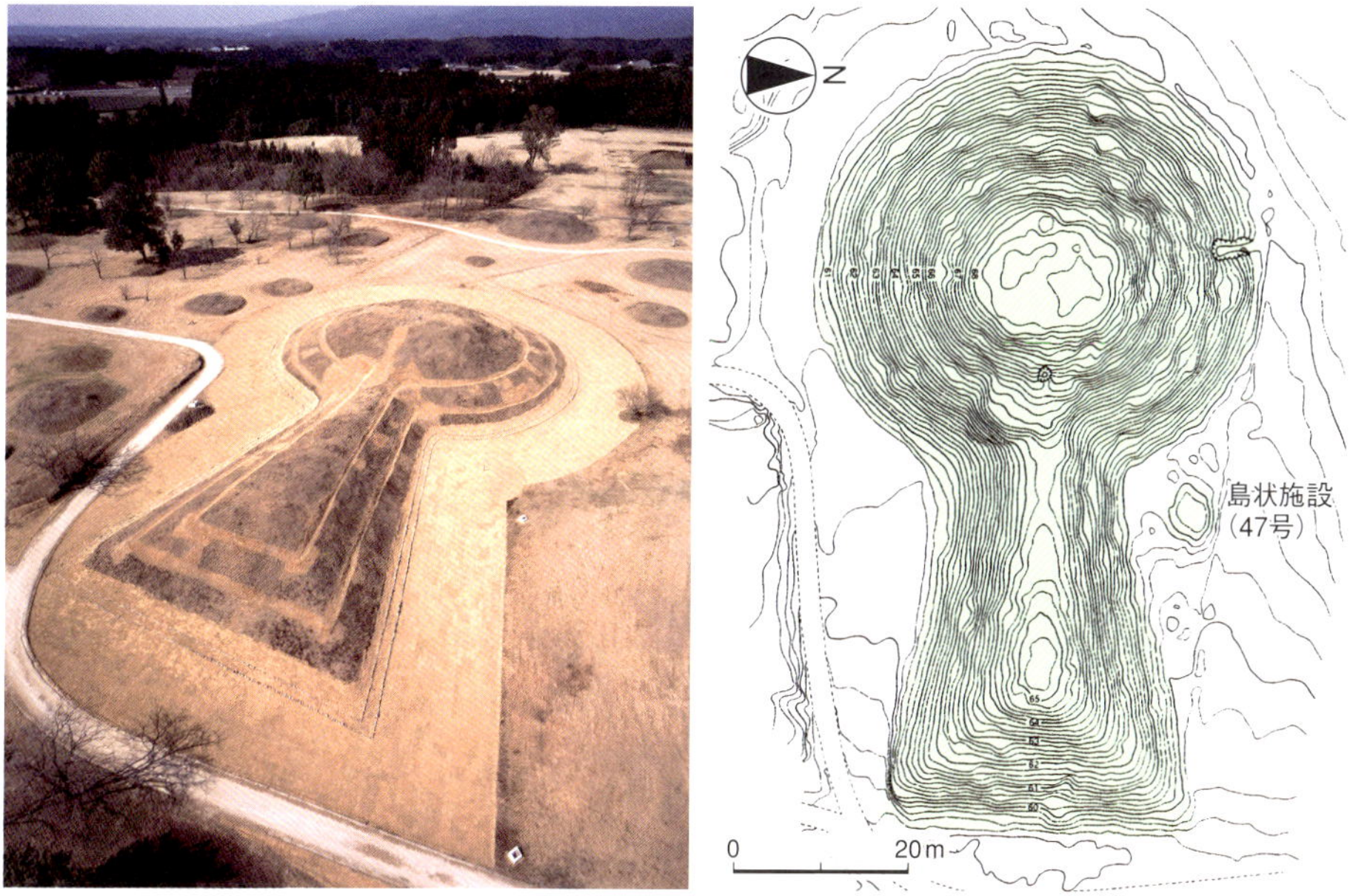

図18 ● 整備後の46号墳と測量図
第1-A支群で最大の前方後円墳。右くびれ部にある小円丘（47号墳）は、46号墳の周堀内の島状施設であることが判明した。

地方の特徴をもつ大型の複合口縁壺が出土している。くびれ部北側には四七号墳とされている小円丘が存在する。地中レーダー探査およびトレンチ調査の結果、円丘内に埋葬施設などは存在せず、四六号墳と時期差も認められないことから、周堀内の島状施設であると判断された。同様の島状施設は、大阪府の津堂城山《つどうしろやま》古墳や兵庫県の五色塚《ごしきづか》古墳にみられる。四六号墳は支群最大の前方後円墳で、四世紀末から五世紀初頭の築造と考えられる。

五六号墳

五六号墳は支群のほぼ中央、四六号墳の北東に立地する。大正の第二次調査で鳥居龍蔵が発掘した。主軸を東西にとり、後円部を東にむける。墳長約三七メートル、後円部径約二四メートル、前方部幅約一六メートルで、後円部・前方部ともに二段築成である。支群で最小の前方後円墳である。後円部墳頂でみつかった二段土壙《どこう》の底から鉄剣四本が出土している。墳形や出土品による年代根拠が希薄であり、築造時期の推定はできていない。

第二―A支群

第二―A支群では、前述したように、西都原における最初の首長墓として築造された八一号墳を契機として、台地縁辺に沿うように六基の前方後円墳が代を重ねて築造された（図19）。八一号墳以外は発掘調査をおこなっておらず、遺物などによって時期の比定はできないものの、墳丘の形状から八八号墳、九二号墳、九一号墳、九〇号墳、八三号墳の順に築造されたものと推定される。

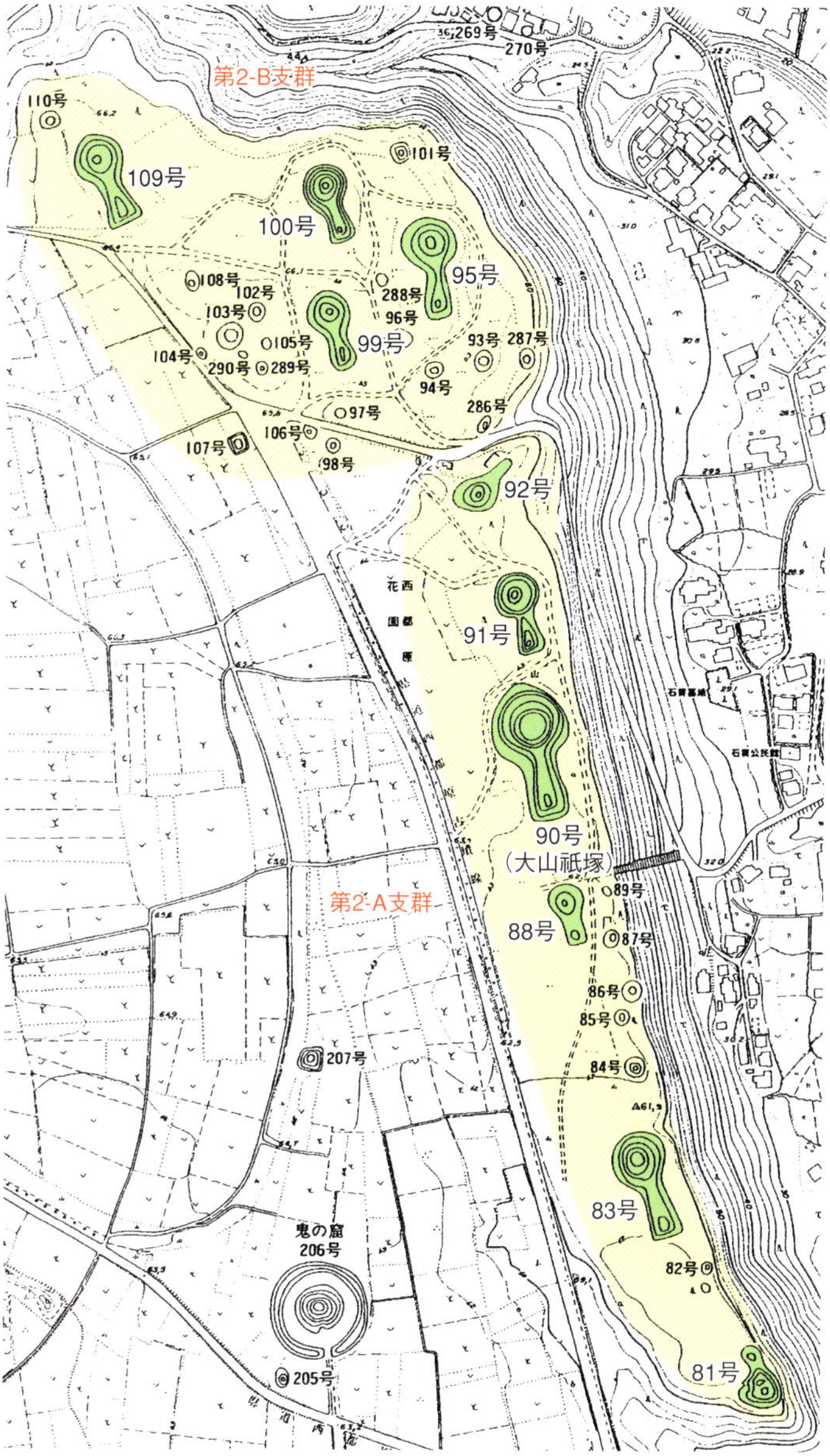

図 19 ● 西都原古墳群第 2 支群
81 号墳から 92 号墳までが 2-A 支群、その北側が 2-B 支群となる。台地縁に沿うようにならぶが、81 号・92 号墳のみ後円部の向きが異なる。

九〇号墳

九〇号墳は支群最大の墳長約九六メートル、後円部径約五一メートル、前方部幅約三一メートルで、西都原古墳群のなかで男狭穂塚古墳・女狭穂塚古墳につぐ三番目の規模を誇る。地元の伝承ではコノハナサクヤヒメの父である大山祇命《オオヤマヅミノミコト》の陵として大山祇塚とよばれ、台地崖下の石貫《いしぬき》神社の祭祀の対象となっている。後円部三段、前方部二段築成の柄鏡形前方後円墳である。

同支群の前方後円墳は、最古の八一号墳が後円部を南にむけて築造されたのに対して、その後は北に後円部をむけて築造される。支群最北の九二号墳のみ南西に後円部をむけているが、これは支群を区分する小さな谷地形によるものである。

第二—B支群

第二—B支群は、小規模な谷をはさんで第二—A支群の北に位置する（図19）。西都原台地の北東隅の台地縁にそって、九五号墳、一〇〇号墳、一〇九号墳、やや内寄り（西寄り）の位置に九九号墳と、計四基の前方後円墳が立地する。いずれもほぼ南北に主軸をとり、北北西に後円部をむける。

一〇〇号墳

第二—B支群のうちで発掘されたのは一〇〇号墳（図20）のみで、一九九九〜二〇〇一年に保存整備にともなう墳丘形状確認のため全面調査された。墳長五七・四メートル、後円部径三二・四メートル、前方部幅一七・三メートルである。細く締まったくびれ部から、前方部は撥《ばち》形に緩やかに広がり、前方部前端線も緩やかに膨らんでいる。後円部三段、前方部二段築成で、各段の斜面に葺石が良好に残っている。後円部墳頂平坦面には、直径約一一・五メートルの円形の掘り込みが確認された。内部は未発掘で詳細は不明だが、墓壙とみてさしつかえない。

発掘に先立つ地中レーダー探査では、墓壙中央で深さ一・八メートルの位置に、墳丘主軸に沿った長さ五〜六メートル、幅二〜三メートルの強い反射をとらえており、埋葬主体部と考えられる。墳丘の各所で出土した土師器はいずれも細片であったが、後円部墳頂平坦面の中央付近からまとまって出土した土師器高坏と底部《ていぶ》穿孔《せんこう》の壺は、比較的原位置を保っているものと推定された。

それらの年代から四世紀前半から中ごろの築造と考えられる。

その他の支群

前述の三支群のほかに古墳時代前期に前方後円墳を築造している集団として、寺原第一、寺原第二、尾筋の各支群がある。

寺原第一支群

寺原第一支群は、西都原台地の北西部、台

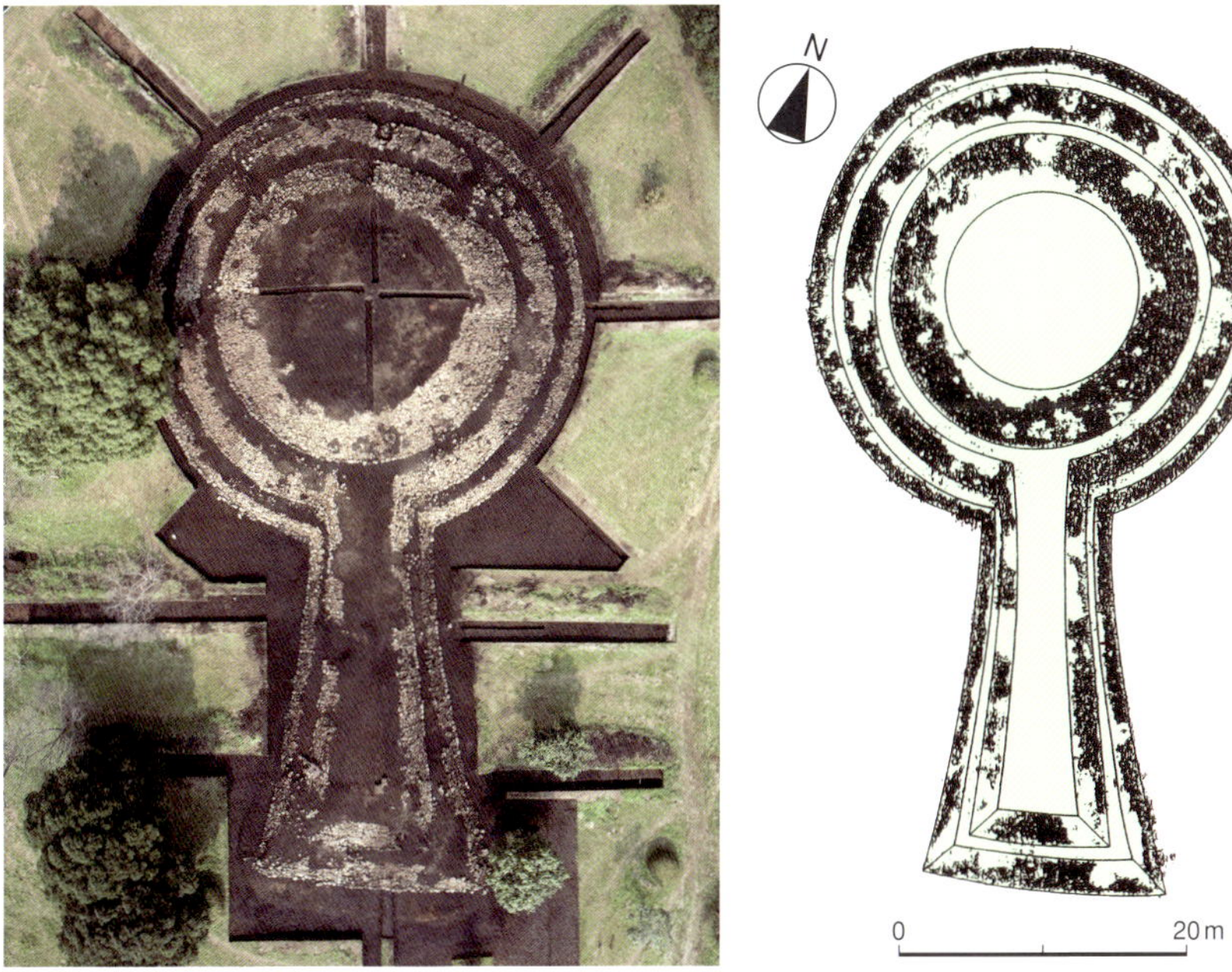

図20 ● 撥形の100号墳と測量図
撥（ばち）形の前方部をもつ100号墳は、葺石の残りが良好で段築構造が明瞭である。

地内の最高標高点（一一八メートル）である高取山《たかとり》から南に派生する標高八〇メートル台の緩斜面に、一七三号墳、一七四号墳、一七六号墳の三基の前方後円墳が展開する（図21）。このうち発掘調査されたのは一七三号墳のみである。

一七三号墳は、二〇〇〇〜〇二年に保存整備にともなう墳丘形状確認のための発掘を宮崎県教育委員会が実施した。主軸をほぼ南北にとり、後円部を北にむけている。墳長三九・八メートル、後円部径二三・四メートル、前方部幅一一メートルで、細い前方部はくびれ部から直線的に開く。後円部三段、前方部二段築成で、各段の斜面には小振りの葺石が良好に残っていた。墳丘東側に不定形の周堀が確認されている。墳丘各所で出土した土師器片は、いずれも原位置を保っていなかったが、それらの特徴と墳形などから四世紀後半ごろの築造と推定される。

一七四号墳は支群最大の規模で、主軸は一七三号墳と同じくほぼ南北であるが、後円部を南にむけている。墳長約七一メートル、後円部径約四六メートル、前方部幅約二七メートルで、

図21 ● 寺原第1支群
3基の前方後円墳と13基の小円墳で構成される。
西都原台地の西端に位置している。

後円部・前方部ともに三段築成である。発掘はおこなわれておらず、詳細は不明であるが、墳形から一七三号墳に後出するものと推測される。

一七六号墳は、一七四号墳と同じく主軸をほぼ南北にとり、後円部を南にむける。前方部の削平が著しく正確な墳形は把握しがたいが、現況から推定すると墳長約三八メートルの柄鏡形で、規模や墳形は一七三号墳に近い。

寺原第二支群

寺原第二支群は、西都原台地の南西部、標高六〇メートル前後の台地縁辺に位置し、一基の前方後円墳と一一基の円墳で構成される（図22）。現在、道路によって前方後円墳が分断され、それぞれ一八七号墳・一九〇号墳として認識されているが、本来は柄鏡形のひとつの前方後円墳である。詳細な時期は不明であるが、少なくとも四世紀代に築造された前期古墳とみられる。

尾筋支群

尾筋支群は、西都原台地の南側、標高約二〇〜三〇メートルの中間台地上に展開する。住宅密集地であり、ほとんどの古墳が墳丘裾部を削られるなど墳形に不明な点が多い。二二五号墳、二二六号墳、二二七号墳、二三三号墳、二三七号墳の五基の前方後円墳が存在する。発掘はされて

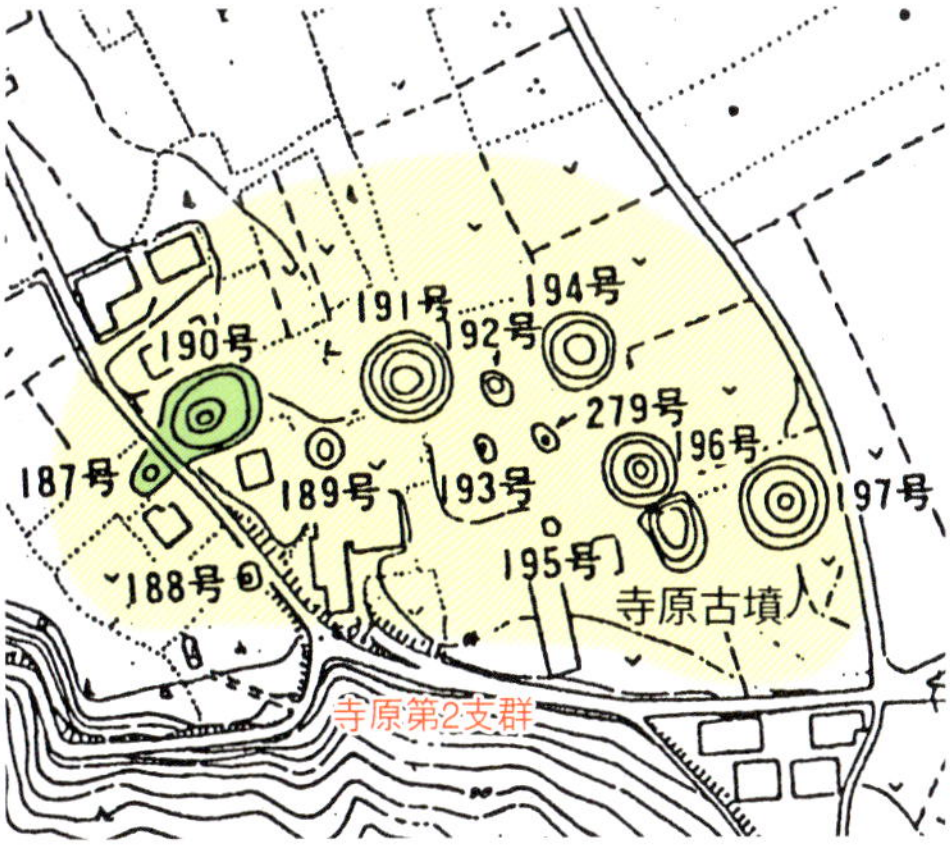

図22 ● 寺原第2支群
1基の前方後円墳と11基の小円墳で構成される。前方後円墳は道路に分断され、2基の円墳（187号墳、190号墳）として登録されていた。

おらず、墳形の改変もあることから詳細な時期比定は困難であるが、台地上に展開する複数の支群同様、前期から中期前半ごろまで代を重ねて築造された首長墓系譜とみられる。

2 男狭穂塚古墳、女狭穂塚古墳——中期前半

南九州の盟主墳の交代

先にもふれたが、古墳時代前期に南九州を代表する規模＝勢力を誇っていたのは、大淀川下流域の生目古墳群であり、その生目の勢力縮小に呼応するかのように登場したのが大隅地域の唐仁大塚古墳であった。これらにくらべ、西都原の台地で造墓活動をおこなっていた六つの集団は、四～六基の前方後円墳を代を重ねて築造した安定的な首長墓系列であったが、規模の面では比肩するものではなかった。

こうした状況を一変させたのが、五世紀前半に登場する丸山支群（前方後円墳二基、円墳二基、方墳一基）であり、その出現を機に前期以来の首長墓系列は前方後円墳の築造を停止している。前期における複数の首長墓系列が、眺望を意識したかのように台地縁辺にそって造墓していたのに対し、それらを統合するように台地中央部に立地する男狭穂塚・女狭穂塚の両巨大古墳は、規模の面でもほかと隔絶している。

男狭穂塚古墳・女狭穂塚古墳（**図23**）は、一九九七年に実施された測量調査および二〇〇四年から実施された地中レーダー探査によって、墳長が約一七六メートルと一致していることが

判明した。男狭穂塚古墳は列島最大の帆立貝形古墳であり、女狭穂塚古墳は九州最大の前方後円墳である。

九州内で女狭穂塚古墳につぐ規模の前方後円墳が、大隅地域の唐仁大塚古墳（墳長一五四メートル）や福岡県八女市の岩戸山古墳（墳長一三八メートル）であることからすると、その突出した規模がよくわかる。生目古墳群についで破格の規模の唐仁大塚古墳が出現した大隅の唐仁古墳群も、西都原に巨大古墳が出現した五世紀前半には一時的に前方後円墳が姿を消し、その後に築造されたものも六〇メートル以下と中規模であった。

二大古墳の大きさ

前方後円墳である女狭穂塚古墳は前方部・後円部ともに三段築成、両くびれ部に台形状の造り出しがあり、墳長一七六・三メート

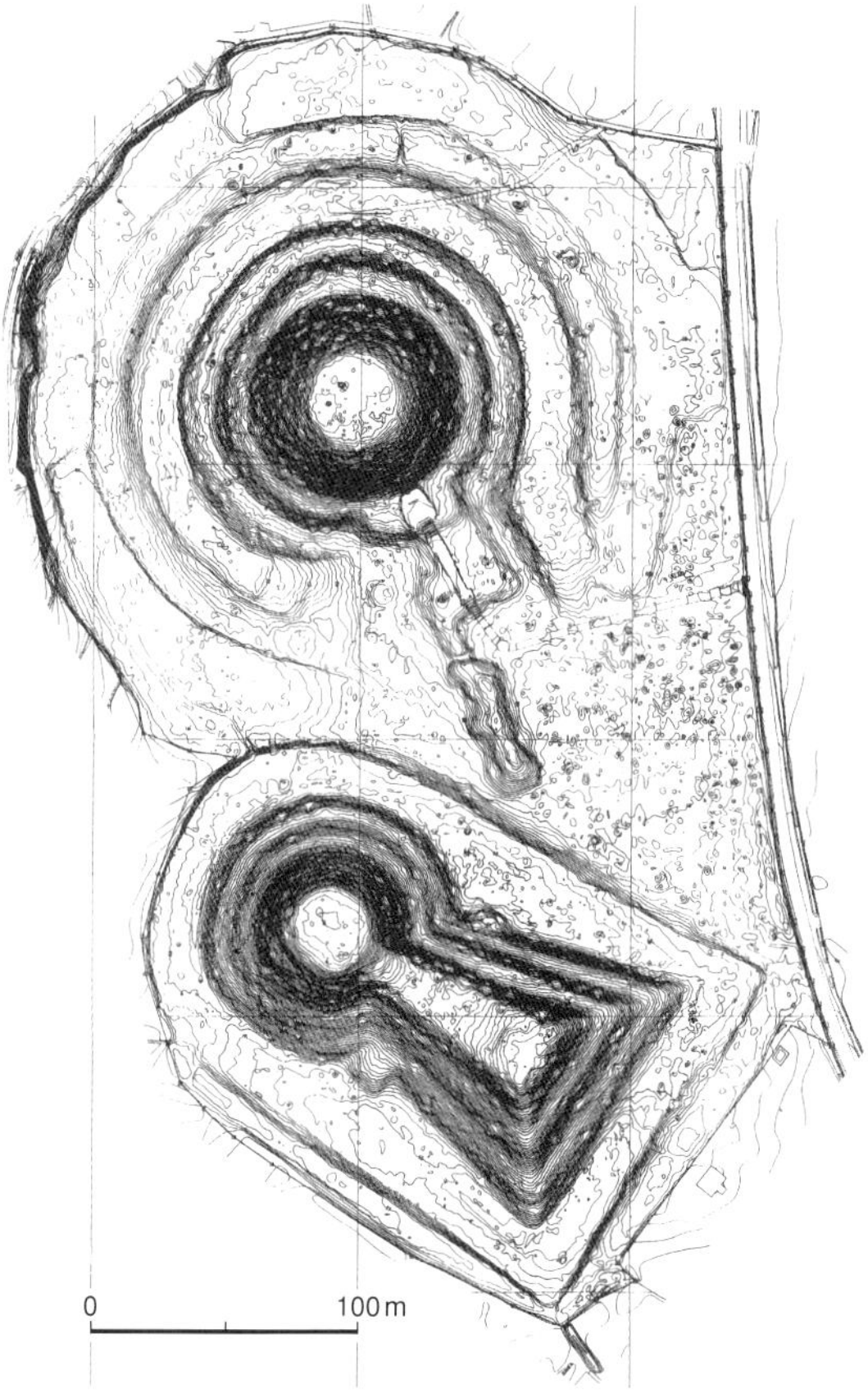

図23 ● 男狭穂塚古墳・女狭穂塚古墳の測量図
陵墓参考地の男狭穂塚古墳・女狭穂塚古墳は、1997年に自治体としては全国初の測量調査がおこなわれた。

ル、後円部径九六・一メートル、後円部高一四・六メートル、くびれ部幅七一・一メートル、前方部幅一〇九・五メートル、同高一二・八メートルである。

幅一四〜一八メートルの盾形の周堀（内濠）がとりかこみ、墳丘前面（南東）と墳丘西側（南西）には、幅一五〜一八メートルの周堤帯をはさんで第二周堀（外濠）がある。しかし、この第二周堀は墳丘右側（北〜東）には存在しないことから、女狭穂塚古墳の左側（西〜南）のみで、元の地形から区画するために設けられたものと推定される。

帆立貝形古墳である男狭穂塚古墳は、円丘部三段・方壇部二段の築成で、内濠、周堤帯、外濠をもつ二重周堀の古墳である。内濠・外濠ともに方壇部前面にはまわらず、墳形の改変も認められること

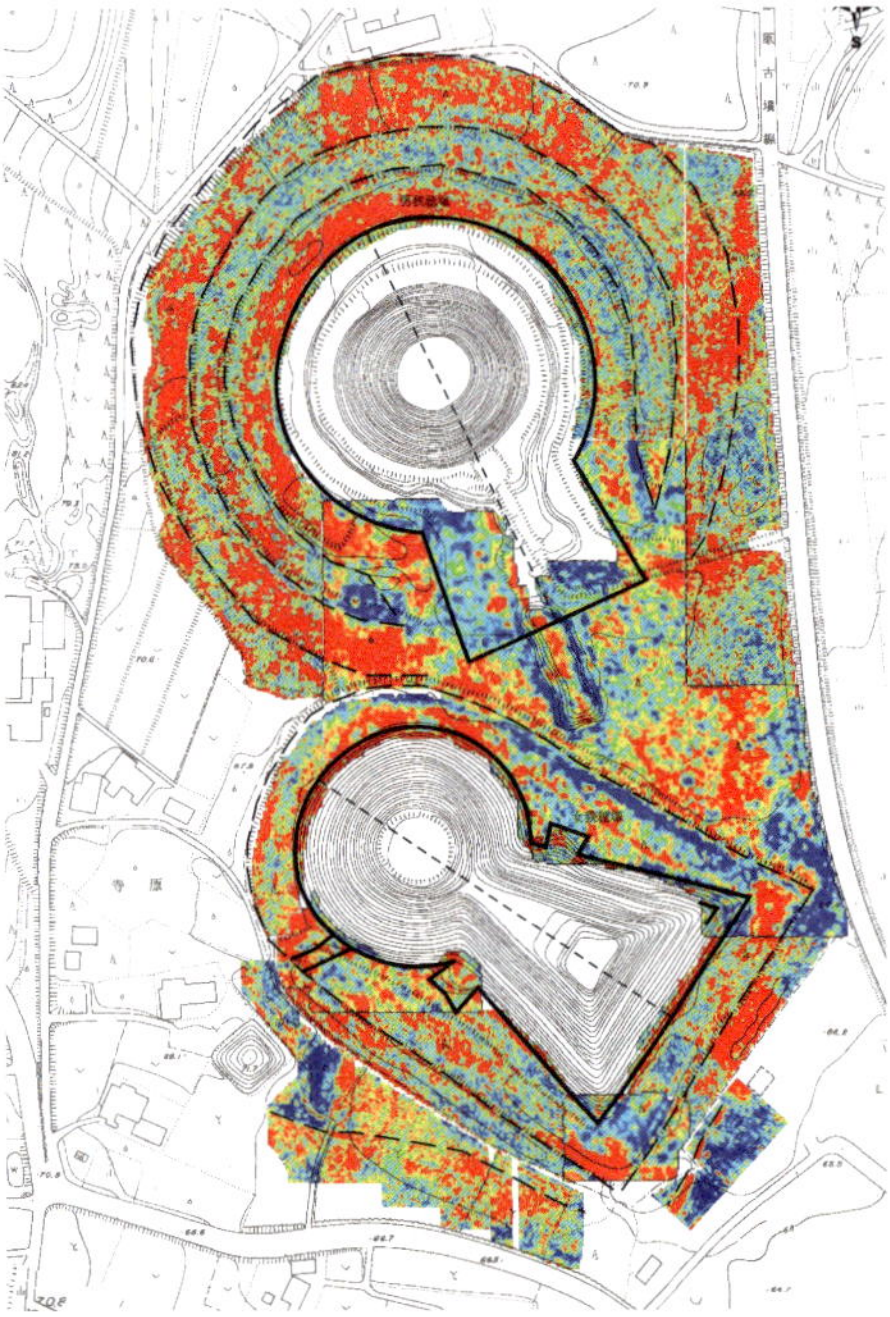

図24 ● 地中レーダー探査の結果
地表面の観察だけでは知ることができない古墳本来の姿を非破壊的に把握することができた。2基の墳長は176mで一致している。

図25 ● 男狭穂塚古墳・女狭穂塚古墳復元図
測量および地中レーダー探査の成果をもとに築造時の姿をCGで復元した。二つの古墳は重複していない。

から、墳端部が不明瞭である。現況では、墳長一五四・六メートル、円丘部径一三二メートル、同高一九・一メートル、くびれ部幅四五・五メートル、方壇部幅四〇・七メートル、同高四・五メートル、内壕幅一五〜一八メートル、周堤帯幅一七〜二三メートル、外壕幅二〇〜二五メートルである。

二基の巨大古墳が非常に近接した位置にあること、男狭穂塚古墳の方壇部に改変が認められることから、周堀も含めた両古墳に重複が存在するのか、築造の前後関係はどうであるのかが大きな謎とされてきた。こうした疑問を解決する手がかりを得るために実施された地中レーダー探査によって（図24）、両古墳に重複はないこと、女狭穂塚古墳の外壕は墳丘左側（西〜南）にのみ存在すること、男狭穂塚古墳の本来の方壇部は現状よりも南にのびること、方壇部の前面に周堀（内壕・外壕とも）はまわらないこと、男狭穂塚古墳の本来の墳長は女狭穂

図26 • 女狭穂塚古墳出土の円筒埴輪
四条のタガをもち、ヨコハケ主体のていねいな作りである。黒斑がみられる（奥の埴輪：高さ62.7cm）。

塚古墳と一致する一七六メートルであることが判明した（**図25**）。

出土遺物には、円筒埴輪や形象埴輪がある。女狭穂塚古墳の円筒埴輪で完形に復元されたものは（**図26**）、口径三三センチ、底径二九・五センチで、四条のタガをもつ。野焼きで生じる黒斑があり、基底部のみ縦ハケ、二段目以上は横ハケ調整である。四段目に円形透かしが二孔、最上段外面に「↑」の線刻がある。形象埴輪には、家や鶏、武具である盾《たて》、冑《かぶと》、肩甲《かたよろい》、短甲《たんこう》、草摺《くさずり》（**図27参照**）などの断片がある。全体に埴輪の製作はていねいで、薄いベージュ系の色調が特徴的である。

男狭穂塚古墳の円筒埴輪の多くは、黒斑が明瞭でなく、胎土に粗い砂粒を含み、全体にナデ調整で、黄色味の強いオレンジ系の色調が特徴である。両者の埴輪に製作技法上の相違は認められるものの、時期的な先後関係については非常に近接していると思われ、意見が分かれておりいまだ決着をみていない。

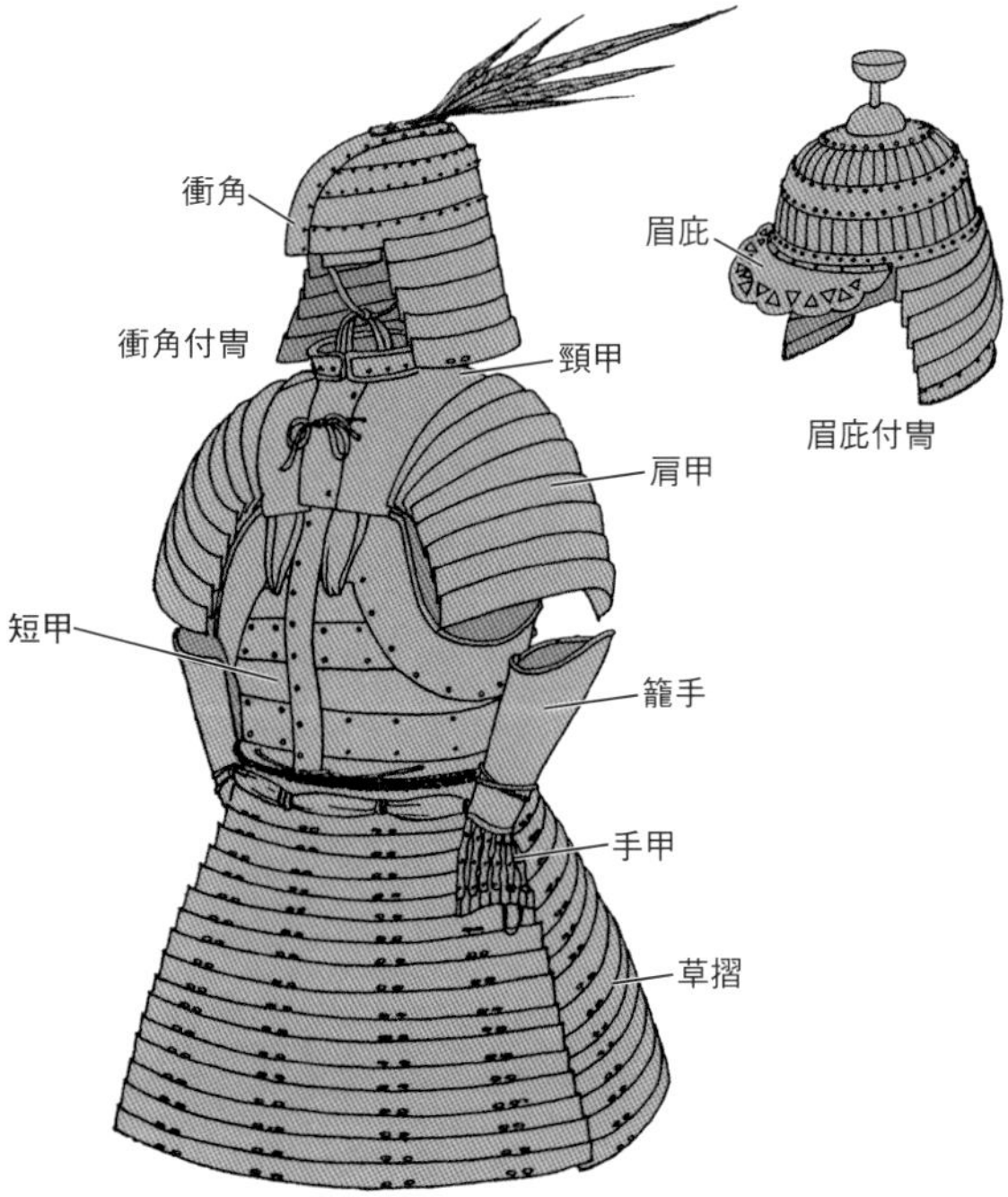

図27 ● 古墳時代中期の鉄製甲冑の部分名称
古墳時代中期の古墳には甲冑形の埴輪も多くみられる（末永雅雄による）。

三基の陪塚

男狭穂塚古墳・女狭穂塚古墳とともに丸山支群を構成するのが二基の円墳（一六九号墳、一七〇号墳）と一基の方墳（一七一号墳）である（図28）。この三基の古墳は、男狭穂塚古墳・女狭穂塚古墳の陪塚《ばいちょう》と目される。

陪塚とは、大型古墳の近辺につきしたがうように存在する小型の古墳であり、主たる古墳の被葬者の近親者や臣下を葬るものや、主たる古墳のための副葬品のみを埋納したものもある。たんに位置が近いだけでなく、主たる古墳との時期や関係性が明確でなければ判断はできない。前期以来、西都原に存在した複数系列の首長墓群を束ねるように出現した男狭穂塚古墳と女狭穂塚古墳は、築造の時期もほぼ同時期とみられるが、一六九号・一七〇号・一七一号の三基の古墳も、築造時期や埴輪の特徴において主たる二大古墳と切り離して考えることはできない。

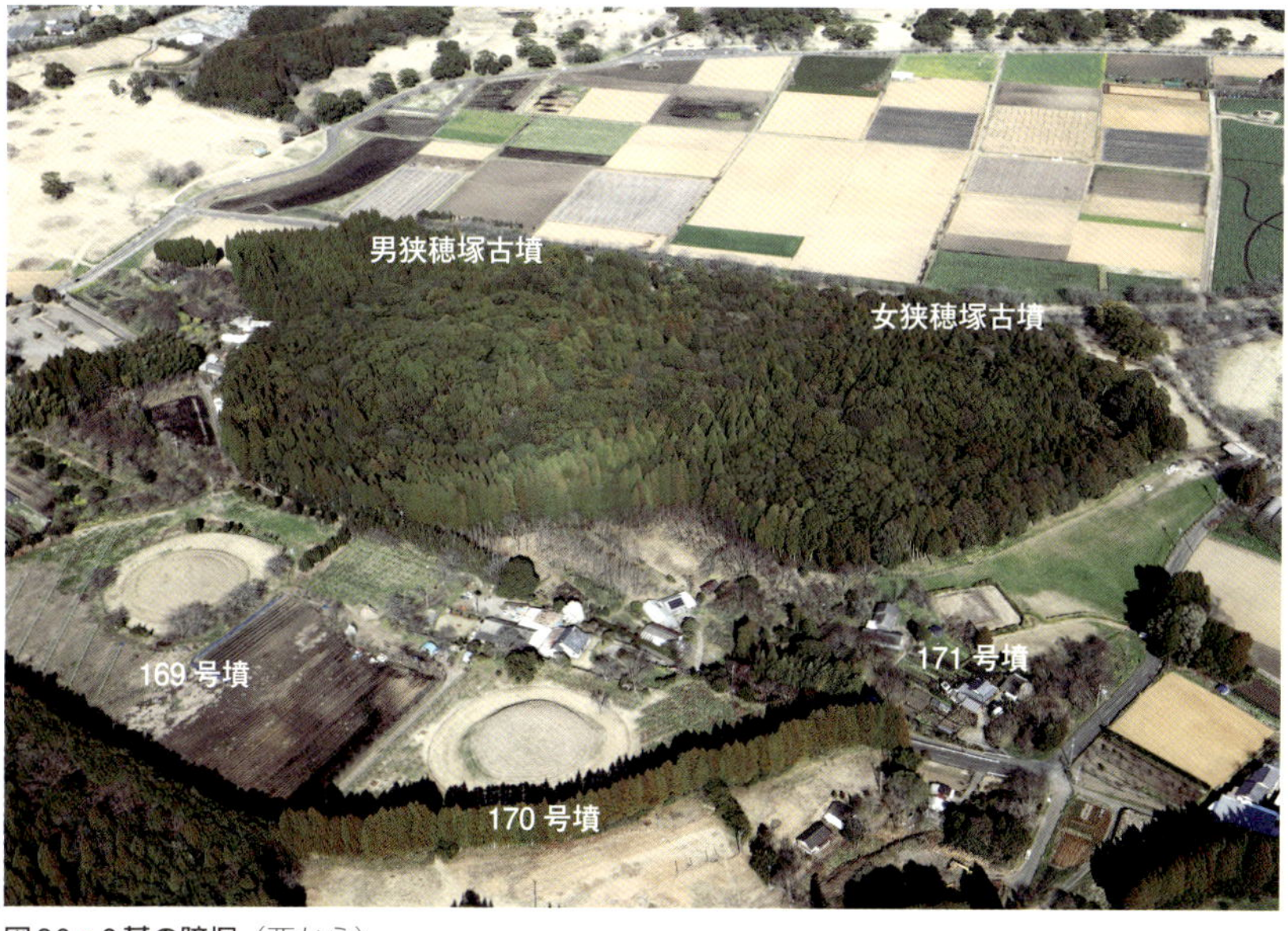

図28 ● 3基の陪塚（西から）
2基の巨大古墳と3基の陪塚で丸山支群を構成している。169号・170号墳は西都原で最大規模の円墳であり、171号墳は西都原に2基しか存在しない方墳の一つである。

一六九号墳（**図29**）は、男狭穂塚古墳の西側、一七〇号墳の北側に位置する。一九一二年（大正元）に増田于信《ゆきのぶ》（宮内省）と関保之助《せきやすのすけ》（東京帝室博物館）が発掘し、一九九八〜二〇〇三年に宮崎県教育委員会が再調査をおこなっている。三段築成の円墳で、墳径四九メートル、高さ六・五メートル、周堀幅七・五〜一〇メートルである。墳丘斜面には葺石がある。

墳頂部から小型珠文鏡《しゅもんきょう》、直刀《ちょくとう》、刀子、鉄斧《てっぷ》、銅釧《かなくしろ》、竹櫛《たけぐし》、鉄鏃《てつぞく》などが出土している。明確な埋葬施設は確認されなかったことから、木棺直葬の可能性が高い。墳丘テラス面と墳頂平坦面の外周には円筒埴輪列がめぐっている。そのほか壺、家、蓋《きぬがさ》、盾、靫《ゆぎ》、甲、冑、船などの形象埴輪が多数樹立していたと推定される。五世紀前半に築造され、その位置関係から男狭穂塚古墳の陪塚とされてきたが、出土した埴輪は女狭穂塚古墳に酷似している。

一七〇号墳（**図30**）は、女狭穂塚古墳の西側、一六九号墳の南側に位置する。同じく増田于信と関保之助が発掘し、二〇〇四〜〇六年に宮崎県教育委員会が再調査している。三段築成の円墳で、墳径四七メートル、高さ三・五メートルである。葺石はなく、墳頂平坦面の外周で円筒埴輪列が確認されている。大正の調査で、墳頂平坦面のほぼ中央から、短甲、頸甲《あかべよろい》、肩甲、

図29 ● 169号墳
墳径49mと西都原で最大の円墳である。斜面に残る葺石には、幅1〜2mの区画石列が明瞭である。

直刀、鉄鏃、切妻の家形埴輪などが出土しているが、明確な埋葬施設は確認されず、木棺直葬の可能性が高い。

五世紀前半に築造された一七〇号墳は、男狭穂塚古墳と女狭穂塚古墳からの距離がほぼ等しいものの、出土した埴輪は男狭穂塚古墳に酷似している。

一七一号墳（**図31**）は、女狭穂塚古墳の西側、一七〇号墳の南東側に位置する。一九一二年（大正元）の調査で、濱田耕作と柴田常恵《じょうえ》（東京帝国大学）が発掘し、一九九八〜二〇〇一年に宮崎県教育委員会が再調査をおこなっている。一辺約二〇・八メートルの方墳で二段築成である。周堀は北西〜南西〜南東の三辺で確認され、北東側は女狭穂塚の第二周堀（外壕）に接するものと推定される。葺石は全体的に良好に残り、墳頂平坦面外周と墳丘テラス面で円筒埴輪列がみつかった。壺形埴輪や形象埴輪（家・盾・蓋・短甲）が出土している。五世紀前半の築造で、立地状況や出土埴輪の共通性から女狭穂塚古墳の陪塚と考えられる。ちなみに、女狭穂塚古墳と墳形の相似性が指摘される大阪府の仲津山《なかつやま》古墳の陪塚も方墳である。

図30 ● 170号墳
2004〜06年の調査で出土した埴輪片の検討により、大正調査で出土した埴輪子持家・埴輪船（ともに重要文化財）は170号墳からの出土と確定した。

埴輪子持家・埴輪船

西都原の出土品としてもっとも著名な「埴輪子持家《こもちいえ》」と「埴輪船」は、一九一二年（大正元）の調査で男狭穂塚古墳・女狭穂塚古墳の陪塚から出土したものである。大型の埴輪でありながらバラバラの小破片で出土し、東京帝室博物館（現・東京国立博物館）に保管されているあいだに関東大震災をへて出土古墳が不明確になっていた。ながらく一六九号墳からの出土とされてきたが、再調査で出土した小破片との接合が確認され、一七〇号墳出土であることが確定した。

一九三二年（昭和七）ごろから東京帝室博物館の後藤守《しゅ》一《いち》のもとで文化財の復元・修復に従事していた松原正業《まさのり》（岳南）が復元を進め、東京帝室博物館の列品に加えられ、一九五七年に重要文化財に指定された。

埴輪子持家（**図32**）は、その名のとおり中心となる主屋《おもや》の四方に小さな附属屋がとりつく構造で、ほかに例をみないものである。主屋は竪穴住居を表現した伏屋《ふせや》建物で、入母屋造《いりもやづくり》の大棟《おおむね》から続く屋根がそのまま斜めに地面までのびている。屋根の両端の大きな破風《はふ》が特徴的である。家形埴輪で伏屋建物を表現したものは、全国でも数例しかない。この伏屋建物の四方に、入母屋造と切妻造の壁建式の附属屋が二棟ずつついている。はたして、こうした構造の建物が現実

図31 ● 171号墳
葺石が良好に残り、円筒埴輪列がみつかった。

に存在したのだろうか。

建築学的にみれば、こうした構造はありえないという。そこで考えられるのは、数棟の建物群で構成される豪族居館の状況を、一体的に表現したというものである。埴輪製作者の豊かな発想と優れた表現力に驚かされる。

埴輪船（**図33**）は、刳《く》り抜き法で成形された丸木舟に、波除けの舷側板《げんそくばん》をとりつけた準構造船を表現している。舳先《へさき》と艫《とも》の大きく反り上がった飾り板には棒状と板状の貫《ぬき》がついている。船体内部には隔壁と船板がある。左右の舷側板には各六カ所の突起があり、櫂《かい》を固定するピボットを表現している。つまり一二本の櫂（一二人もしくは二四人の漕ぎ手）で航行する船である。

船形埴輪が出土すると、その意味について二つの解釈が示されることが多い。第一に、海や川への親近性であり、生前の被葬者が実際に船に乗り、海や川を行き来する職能を有していたとするものである。第二に装飾古墳のモチーフに船が描かれるのと同様に、死者の魂を来世に運ぶ乗り物とする解釈である。

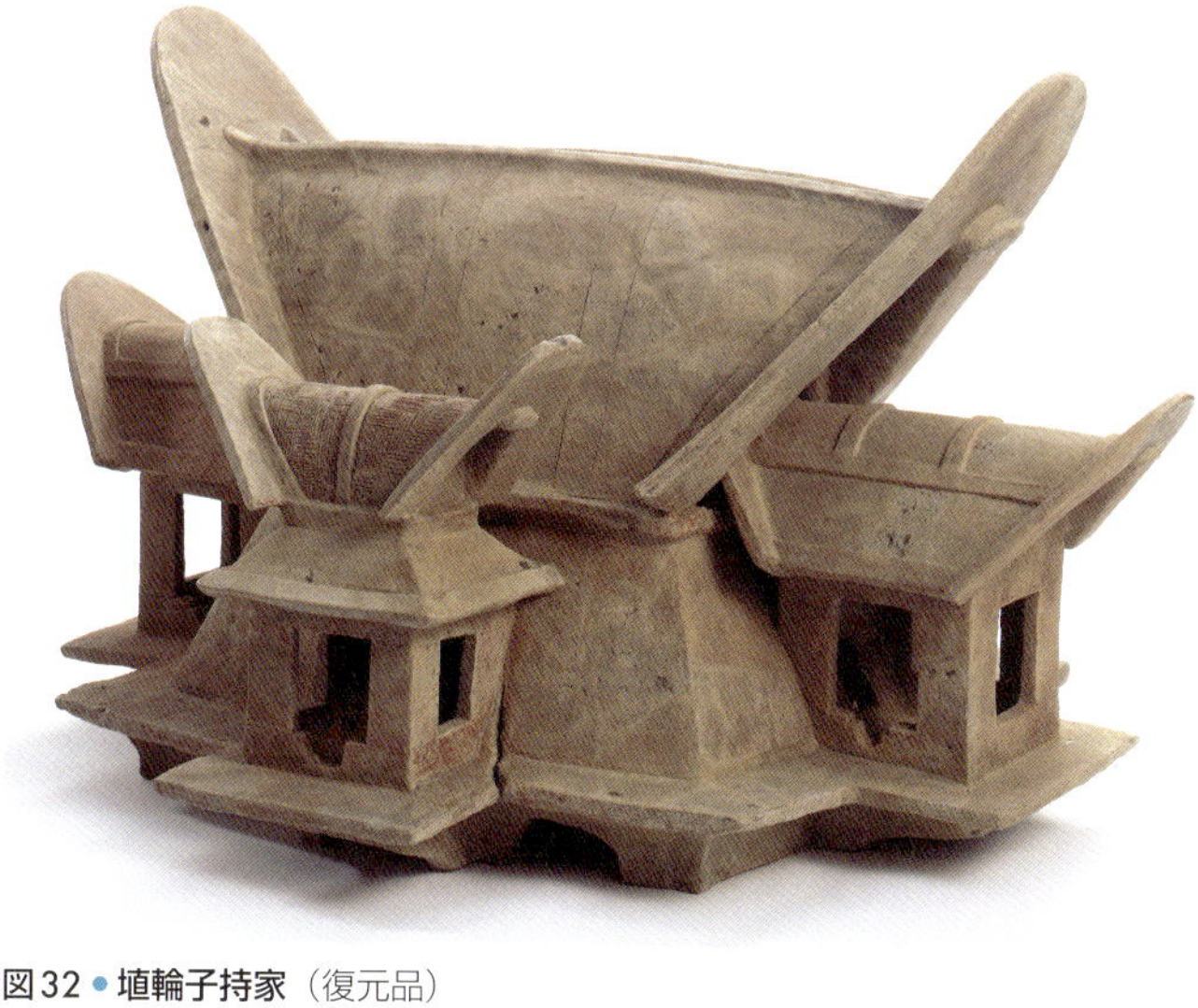

図32 • **埴輪子持家**（復元品）
伏屋建物の主屋の四方に壁建式の附属屋がとりつく。
このような埴輪はほかにない（全長95.6㎝）。

研究者のあいだでは後者が重視される傾向にあるが、西都原の埴輪船は非常に写実的であり、少なくともこの埴輪の製作者は、モデルとなる船を実見したことのある人物と考えてよい。

多くの歴史教科書などに写真が掲載されるなど著名な埴輪であるが、大型かつ複雑な構造であるにもかかわらず、実物の破片が残っているのは子持家で約三割、船で七割程度であり、大部分は石膏による復元であったことから、その妥当性についての疑問もささやかれていた。

東京国立博物館は一九九七~九九年度に、両埴輪の復元の妥当性を検討するとともに劣化した石膏の強化を図る目的で解体修理を実施した。その結果、子持家は残存する破片が少ないとはいえ、各部のポイントとなる部分や複数の家屋構造の接点の実物が残存しており、全体として復元は妥当であったことが確かめられた。再復元された埴輪は、修理前と比較して主屋屋根の破風の角度や大棟の湾曲具合に若干の変化がみられたものの、ほぼ同形状であった。船についても同様で、大きく反り上がった舳先と艫の飾り板の角度に修正が加えられたものの、基本的な形状の復元は正しかったことが証明された。

図33 ● 埴輪船（復元品）
刳り抜き式の舟に舷側板をとりつけた準構造船を模したもの。写実性の高い船形埴輪である（全長100.7cm）。

丸山支群の埴輪群

総数三〇〇基を超える西都原古墳群で、埴輪を採用しているのは意外にもわずかである。男狭穂塚古墳・女狭穂塚古墳と三基の陪塚からなる丸山支群の五基のほかには、一〇一号墳、寺原古墳、二一二号墳などが知られるのみである。丸山支群の各古墳ごとの出土埴輪はつぎのとおりである。

男狭穂塚古墳：円筒埴輪
女狭穂塚古墳：円筒埴輪、家、冑、短甲、草摺、盾、鶏、肩甲
一六九号墳　：円筒・朝顔形埴輪、壺、家、蓋、盾、靫、短甲、冑（図34）、船
一七〇号墳　：円筒埴輪、家、子持家、船、短甲、頸甲、肩甲
一七一号墳　：円筒埴輪、壺、家、盾、冑、短甲（図35）、蓋

これら丸山支群の埴輪については、近年、犬木努がすべての埴輪について網羅的かつ詳細な観察をふまえた分析をしている。それによると、器壁が厚く、突帯が重厚で、淡褐色（ベージュ色）を呈し、黒斑をもつA群と、器壁が薄

図34 ● 眉庇付冑形埴輪（169号墳出土）
前方に水平に突き出した部分を眉庇とよぶ。古墳時代の典型的な冑の形式の一つ（高さ19.0cm）。

図35 ● 短甲形埴輪（171号墳出土）
三角板を革紐で綴じた短甲を模したもの（高さ30.5cm）。

く、突帯端面が細く、橙褐色《とうかっしょく》（暗褐色）で黒斑が不明瞭なB群に大別され、女狭穂塚古墳・一六九号墳・一七一号墳にはA群＝「女狭穂塚系列」がみられ、男狭穂塚古墳・一七〇号墳にはB群＝「男狭穂塚系列」がみられるという（図36）。さらにA群は、ヨコハケ主体で畿内的なI群とタテハケ主体で非畿内的なII群に分かれる。男狭穂塚古墳・一七〇号墳には、B群に加えA—II群もみられることから、男狭穂塚系列は非畿内的埴輪、女狭穂塚系列は畿内的埴輪と位置づけられる。

女狭穂塚系列には黒斑がみられることから野焼き焼成であるのに対し、男狭穂系列は黒斑がなく堅緻な焼成であることから、窖窯《あながま》焼成の可能性が高いと指摘されている。円筒埴輪に関しては、女狭穂塚古墳の四条五段に対して、陪塚では三条四段と一まわり小型である。

丸山支群以外の埴輪は、いずれも「女狭穂塚系列」であるが、非畿内的なII群の埴輪である。また、「男狭穂塚系列」の埴輪については、周辺の古墳群において、茶臼原古墳群（西都市）の一号墳（児屋根塚古墳）、祇園原古墳群（新富町、新田原古墳群）の九二号墳（大久保塚）、本庄古墳群（国富町）の四二号墳（藤岡山東陵古墳）などの大型前方後円墳に採用されている。

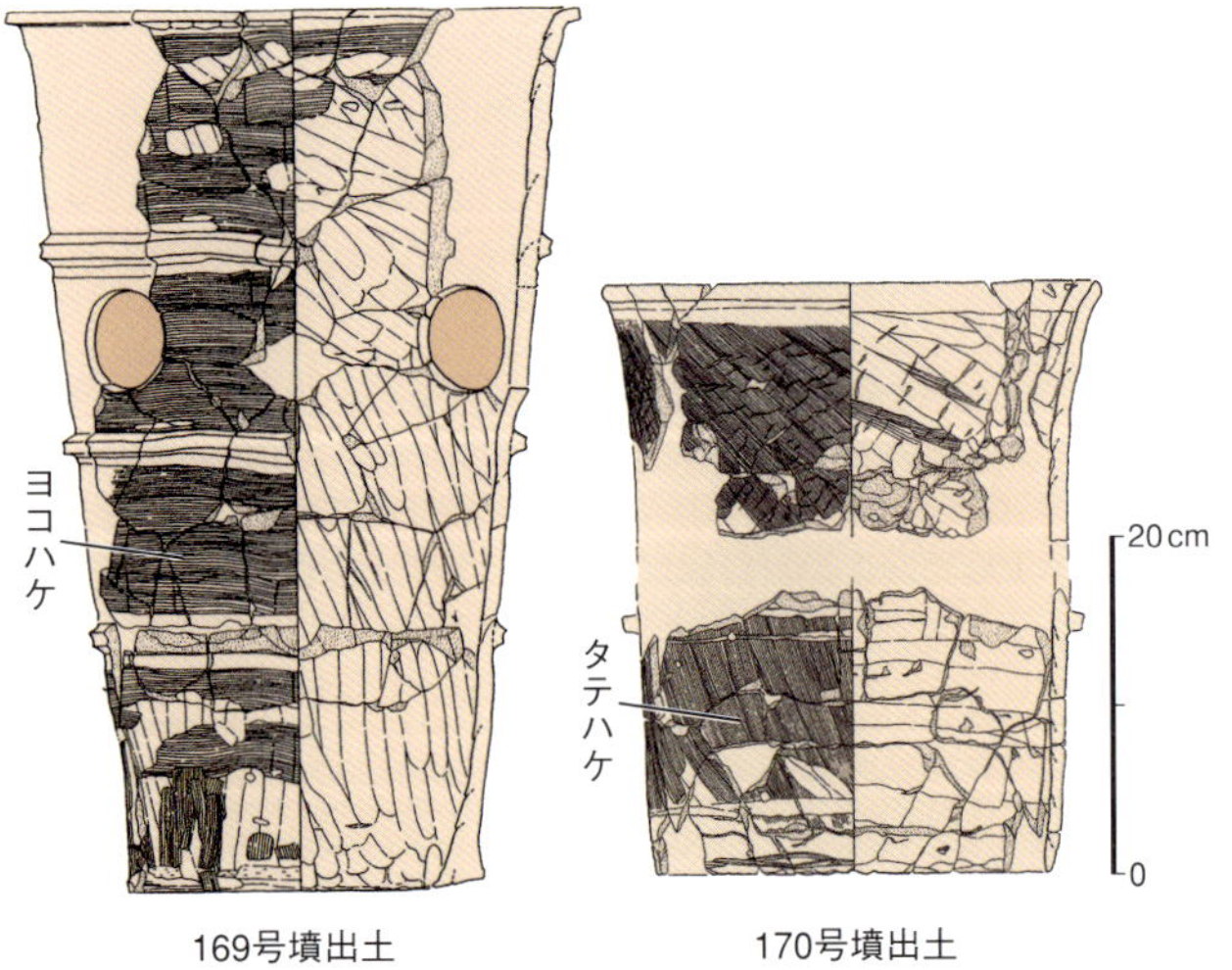

図36 ● 丸山支群の埴輪の系列
169号墳の円筒埴輪（左）はヨコハケ主体で畿内的であり、170号墳の埴輪（右）はタテハケ主体で非畿内的である。

3　前方後円墳の縮小

二一二号墳・二六五号墳

これまで述べてきたように、三世紀末ごろの八一号墳の築造にはじまる西都原古墳群の前方後円墳の築造は、四世紀代をとおして少なくとも六つの支群（＝首長墓系列）で同時並列的におこなわれてきた。

そして、五世紀前半にはすべてを統合するように、丸山支群に男狭穂塚古墳・女狭穂塚古墳が出現する。九州最大規模を実現した両古墳は南九州の盟主として君臨した。

しかし、その後の西都原では、それに続く突出した首長をみいだすことはできず、前方後円墳の築造は急速に縮小・中断する。男狭穂塚古墳・女狭穂塚古墳の後に西都原で築造された前方後円墳はわずかである。

そうしたなかで、西都原台地の南につながる標高三〇～五〇メートルの中間台地に分布する鷺田支群に位置する二一二号墳は、墳長約五〇メートル、後円部径約三二メートル、前方部幅約二一メートルの前方後円墳である。女狭穂塚古墳の陪塚である一七一号墳と近似した埴輪が採集されていることから、それらに近い時期の築造が想定されている。

また第三―B支群の二六五号墳（**図37右**）も、支群中唯一の前方後円墳で、墳長約五七メートル、後円部径約三五メートル、前方部幅約四〇メートルである。前方部が大きく発達した墳形などから六世紀代前半ごろの築造とみられていたが、二〇一五年の発掘調査の出土遺物から五世紀末ごろの築造と考えられるようになった。

　左くびれ部に造り出しをもつことが判明し、西都原においては女狭穂塚古墳につぎ二例目の造り出しを有する古墳となる。一九一七年（大正六）、濱田耕作と梅原末治が発掘した際、後円部墳頂平坦面から変形十字文鏡（図37左）、碧玉製管玉《へきぎょくせいくだたま》、鉄刀、鉄矛、鉄鏃などが出土しているが、埋葬施設は不明とされており、状況から木棺直葬であった可能性が高い。

　このなかで変形十字文鏡は、面径一一・五センチ、鈕からのびる十字文帯が特徴的である。鏡背面に赤色顔料が、鏡面の全面に布が付着している。鈕の外周に一条の突線がめぐり、その外側に素文の円座が配される。内区に四個の乳と細線による渦《うず》文《もん》が配され、内区外周は雲雷文《うんらいもん》（有節松葉文）がめぐる。七個の円文は等間隔に配されている。

　十字文帯は鈕から放射状にのびるがわずかに偏っており、四個の乳と等間隔に配する意図と思われる。内区の渦文や圏線、雲雷文などすべての文様が十字文帯を超えて連続することから、

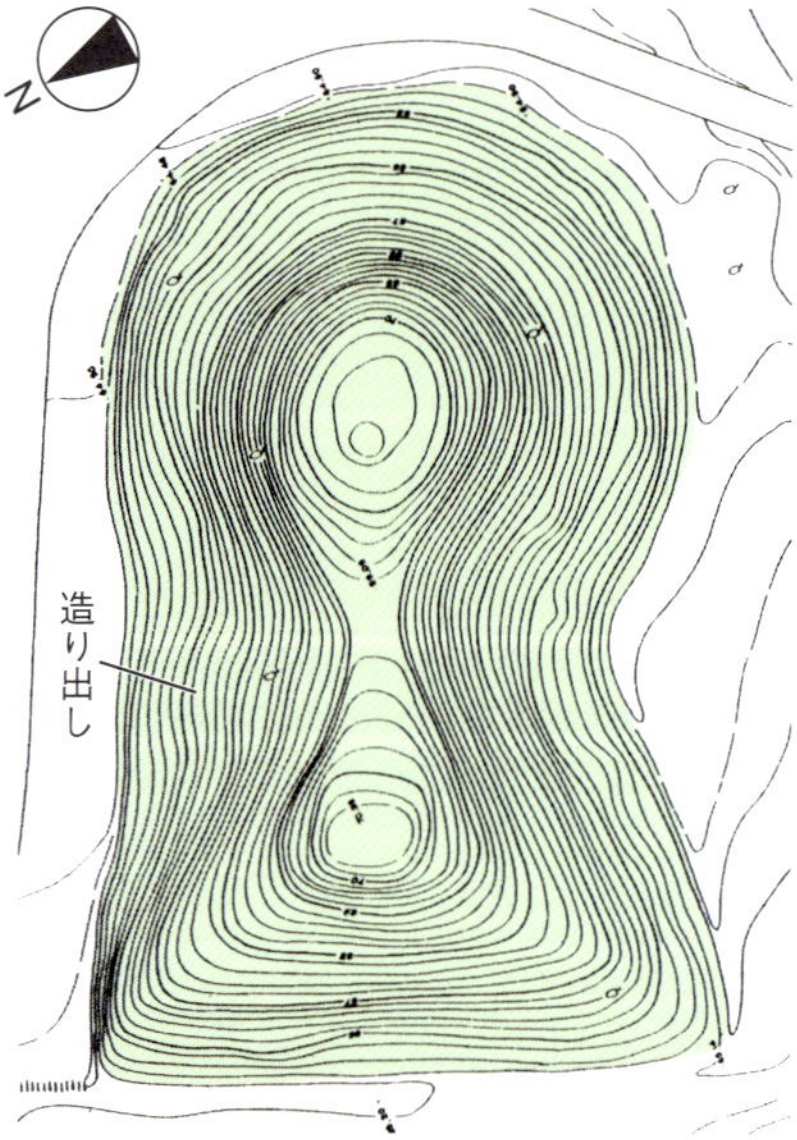

図37 ● 265号墳（船塚）と出土した変形十字文鏡
第3支群唯一の前方後円墳で、2015年の発掘調査において左くびれ部に造り出しが確認された。変形十字文鏡は、鈕からのびる十字文帯が特徴的で、内区の各文様が十字文帯を超えてつながっていることから、最後に施文されたものである。

十字文帯の施文は最後におこなわれたものと思われる。辻田淳一郎は、古墳時代中期に製作された倭製鏡と指摘している。

二〇二号墳

第一―B支群の二〇二号墳も、支群中唯一の前方後円墳である（図38）。墳長五七・三メートル、後円部径三四・四メートル、前方部幅約四一・五メートルである。墳丘は前方部・後円部ともに二段築成で、葺石はもたず、盾形の周堀がめぐる。

一九一二年（大正元）の調査で、黒板勝美、今西龍、濱田耕作らによって発掘された。

後円部墳頂平坦面および前方部の頂部で、鉄刀や鉄鏃、玉類、須恵器などが出土しているが、いずれも埋葬施設は不明とされていた。二〇〇八〜一二年には宮崎県教育委員会が再調査し、後円部墳頂平坦面で二基の木棺直葬の痕跡を確認したが、前方部では遺構は確認されなかった。大正期の調査ですべて掘り上げられ消滅した可能性が高い。墳形や出土遺物から六世紀後半の築造と思われ、西都原に築かれ

図38●整備された202号墳（姫塚）
優美な姿の前方後円墳で、大正時代の調査では後円部と前方部の2カ所で鉄製武器や須恵器などが出土している。

た最後の前方後円墳である。

　これら三基のほか、年代根拠が希薄ながら二基の前方後円墳の築造の可能性が指摘されるが、男狭穂塚古墳・女狭穂塚古墳の出現以前と以後で、西都原における前方後円墳の築造の状況が大きく変化したことは確かである。

　前期以来の西都原では、複数の支群において代を重ねて築造された前方後円墳は二五基にものぼったが、男狭穂塚古墳・女狭穂塚古墳の登場以後は、四つの支群で各一基の前方後円墳がみられるにすぎない。また、二六五号墳までに半世紀の、二〇二号墳までにさらに一世紀の空白がみられる状況は、首長墓系列の中断・縮小といわざるをえない。これは、前章で述べたような南九州における河川流域を越えた広域での盟主の座の移動に大きくかかわっている。

　畿内ヤマト王権の中枢部の動きをみると、古墳時代前期前半（三世紀後半から四世紀前半）には、奈良盆地の東南部（大和古墳群・柳本古墳群）において他を圧倒する大王墓が築造されるが、前期後半（四世紀半ばから四世紀後半）には、奈良盆地北西部（佐紀古墳群）へ大王墓の築造が移動している。さらに、中期（四世紀末ごろから六世紀初頭）には、奈良盆地を出て大阪平野の河内・和泉地域（古市古墳群・百舌鳥古墳群）に大王墓の築造が移動している。

　この現象はたんに大王墓築造域の移動ではなく、ヤマト王権内での政権交代ととらえる考え方がある。こうした王権内部の情勢の変化は、地域首長の動きにも連動し、南九州においては生目→唐仁大塚→西都原→横瀬という盟主の座の移動に対応している。これは、ヤマト王権内部で主導権を握った勢力が前代とは異なる地域勢力と連携した結果とも解釈することができる。

4　最後の首長墓

西都原における最後の首長墓は、第一—B支群の北寄り、西都原台地のほぼ中央に位置する二〇六号墳（鬼の窟古墳）である（図39）。

六世紀末ごろに築造された墳丘は、もはや前方後円墳ではなく円墳である。葺石をもたない二段築成の墳丘内には、巨石を用いた畿内型の横穴式石室がある。

一九九二年、宮崎大学教育学部が墳丘測量と石室実測をし、墳丘東西直径三六・四メートル、南北直径三三・六メートル、高さ七・三メートルであることがわかった。墳丘の周囲には、幅九・九～一一メートルの周

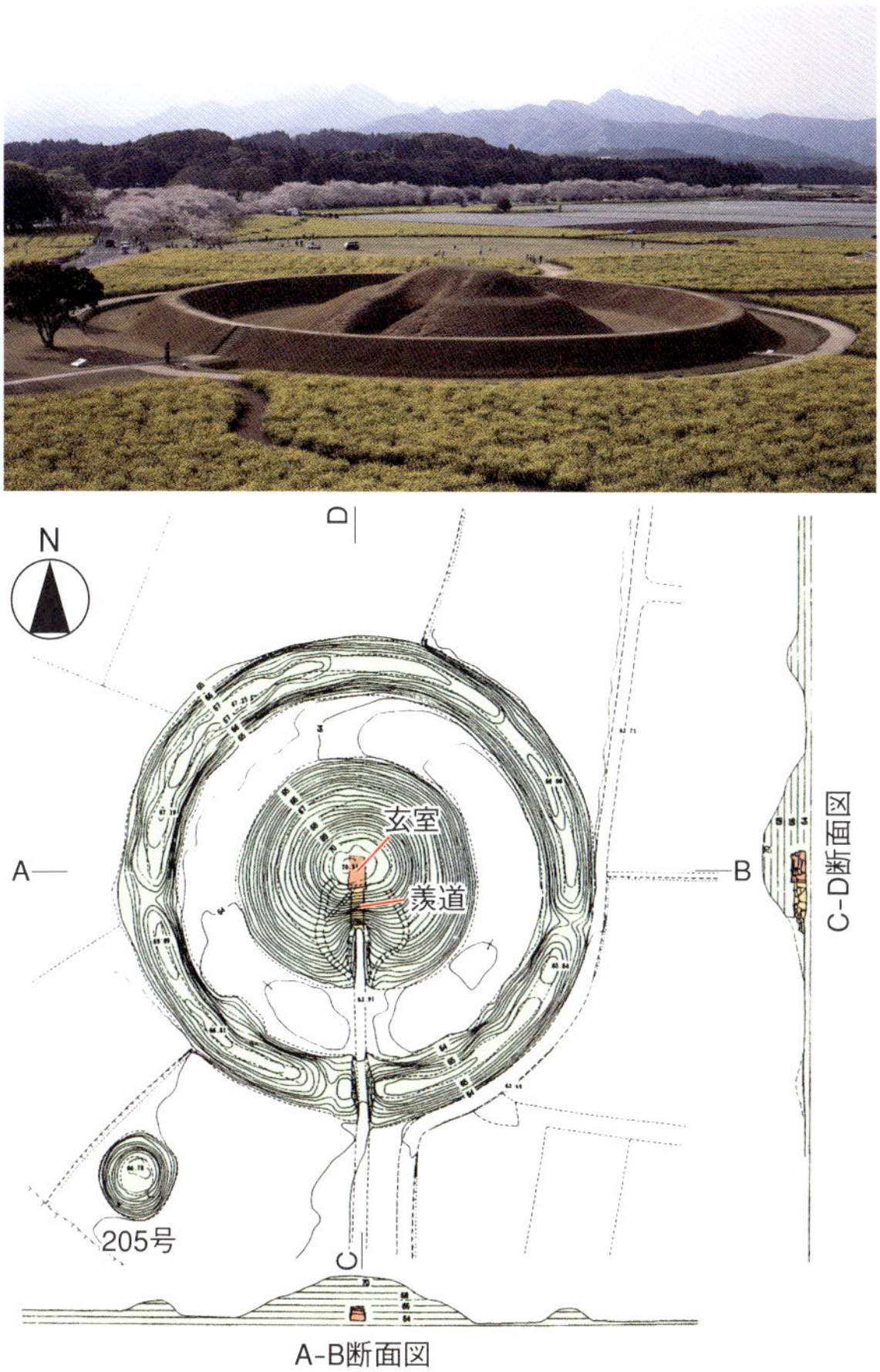

図39 ● 206号墳（鬼の窟古墳）
西都原台地のほぼ中央に位置し、開口した横穴式石室をもつ西都原最後の首長墓。葺石のない二段築成の円墳で、二重の周堀（内壕・外壕）のあいだには土塁状の高い周堤がある。

堀（内壕）と、幅一〇～一一メートル、高さ五・二メートルの外堤、さらにその外側に幅約五メートルの周堀（外壕）がある。

横穴式石室（**図40**）は両袖形の単室構造で、全長一二・四メートル、羨道《せんどう》長七・五メートル、幅一・八メートル、高さ一・五メートル。玄室《げんしつ》平面は長方形で、長さ四・九メートル、奥幅一・七五メートル、前幅二・四メートル、高さ二・一五メートルである。使用する石材は砂岩塊石で、玄室奥壁は最下段に大石一石を据えた四段構成、天井石は玄室・羨道ともに三石を架構する。床面の全面に拳～掌大の川原石を敷き詰めている。

石室は早くから開口しており、遺物の残存状況は悪いものの、一九九五年から宮崎県教育委員会が発掘調査し、玄室や羨道部から耳環《じかん》、玉類、鉄釘、鉄鏃、金銅馬具片、須恵器、土師器などが出土した。その出土状況から、六世紀末～七世紀前半までのあいだに、組合せ式木棺を用いた埋葬が少なくとも三回おこなわれたと推定される。

全国的にも前方後円墳が姿を消す時期であり、終末期古墳として墳形は円墳ではあるものの、石材に乏しい南九州において巨石を用いた畿内型の横穴式石室を採用し、二重の周堀と高い外堤をもつ二〇六号墳は、西都原における最後の首長墓であるとともに、窟（石室）を鬼が一夜のうちに構築したとする地域伝承を生むなど、西都原のシンボル的存在の古墳の一つである。

図40 ● 206号墳の横穴式石室内部
巨石を用いた畿内型の石室。石室内から出土した釘などの状況から、組合せ式木棺による埋葬が3回以上おこなわれたと思われる。

第４章　地下式横穴墓と群集墳

1　地下式横穴墓の出現

地下式横穴墓とは

地下式横穴墓は、古墳時代の中期以降に南九州東半部にのみ造営された在地性の強い墓制である。地面を垂直に掘り下げた「竪坑」、横方向にトンネル状に掘った「羨道」、その奥に掘り広げた遺体を葬るための「玄室」で構成される（図41）。

基本的には棺を用いず、埋葬後の玄室は空洞のまま、羨道部に石や土塊を詰めたり、羨門部を木板で塞ぐように閉塞して竪坑のみを埋め戻す。一部の地域では竪坑上面を板石で塞ぐものもあり、この場合は竪坑を含めてすべてが空洞となる。

玄室天井は、平らなものやドーム形のものもみられるが、屋根形に成形するものが多く、地下に設けた死者の家という意識を感じとることができる。五世紀前半までには出現し、七世紀中ごろまで造営される。

地下式横穴墓の分布は、「平野部」である①小丸川・一ツ瀬川・大淀川流域からなる宮崎平野部、②福島川・肝属川流域の志布志湾沿岸と、「内陸部」である③都城盆地、④大淀川上流の岩瀬川流域、⑤霧島山麓のえびの盆地や鹿児島県域の大口盆地に分けられる（図1参照）。

成立の背景には、「墓室への入口を横に設ける」という中国大陸や朝鮮半島における横穴系墓制の発想がある。北部九州地域に出現する竪穴系横口式石室のように地域の伝統的墓制に横口をつけたものと考えられ、地下式横穴墓は土壙墓に横口を設けたものを祖型とする。従来、五世紀初頭にえびの盆地で成立したと考えられてきたが、宮崎平野部でも近い時期の遺構が確認され、多元的な発生も想定されている。

初期には単体埋葬を基本とするが、五世紀後葉以降は追葬が顕著となる。副葬品には、鉄製武器を中心に武具、馬具、農工具、鏡、装身具、玉類などがみられ、高塚古墳と共通する。遺構の規模や形態の差も大きく、副葬品組成など質的格差も含めて、首長墓としての存在から家族墓としての性格まであり方は多様である。

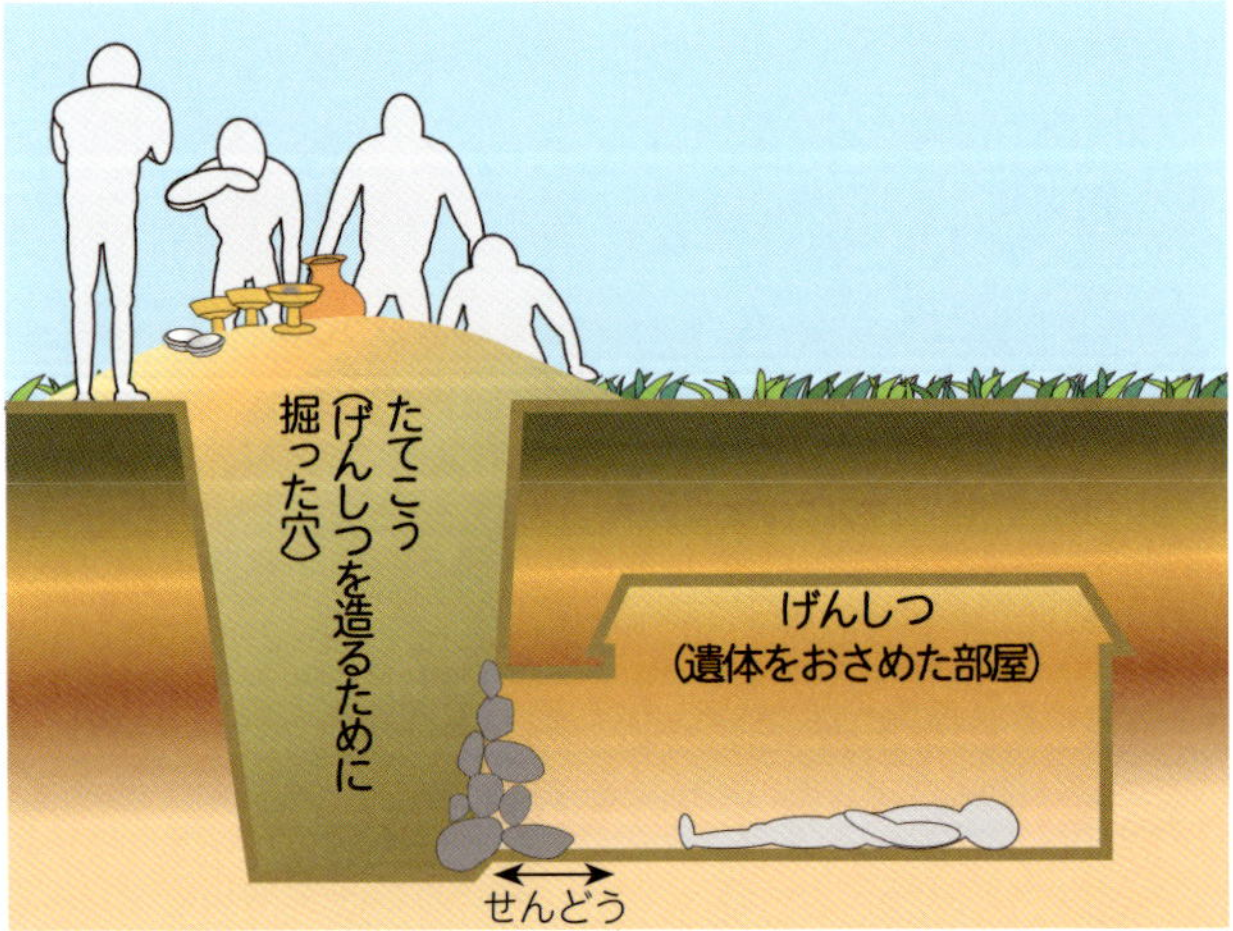

図41●地下式横穴墓模式図
竪坑・羨道・玄室の3つの要素からなり、埋葬後は竪坑のみを埋め戻し、玄室は空洞のまま残される。

四号地下式横穴墓

西都原にはじめて出現した地下式横穴墓は、第三—A支群中の一一一号墳下に位置する四号地下式横穴墓である（図42）。一一一号墳は、直径三〇メートルの二段築成の円墳で、五〇基以上の円墳で構成される支群中で最大規模である。

一九五六年、一一一号墳の南裾部で畑を耕すために馬鍬《うますき》を曳いていた馬が踏み抜き、発見され、地元の日高正晴が緊急調査した。宮崎県教育委員会が二〇〇一年から実施した再調査によって、竪坑が四・〇×三・二メートル、深さ一・七メートル、羨道長〇・七メートル、長方形の玄室は奥行き五・四メートル、幅二・二メートル、屋根形の天井最大高一・七メートルで、床面中央に断面U字形の屍床を有することが明らかとな

図42 ● 111号墳と4号地下式横穴墓
111号墳の墳裾、周堀内に竪坑があり、墳丘中心部にむけて玄室をつくる。

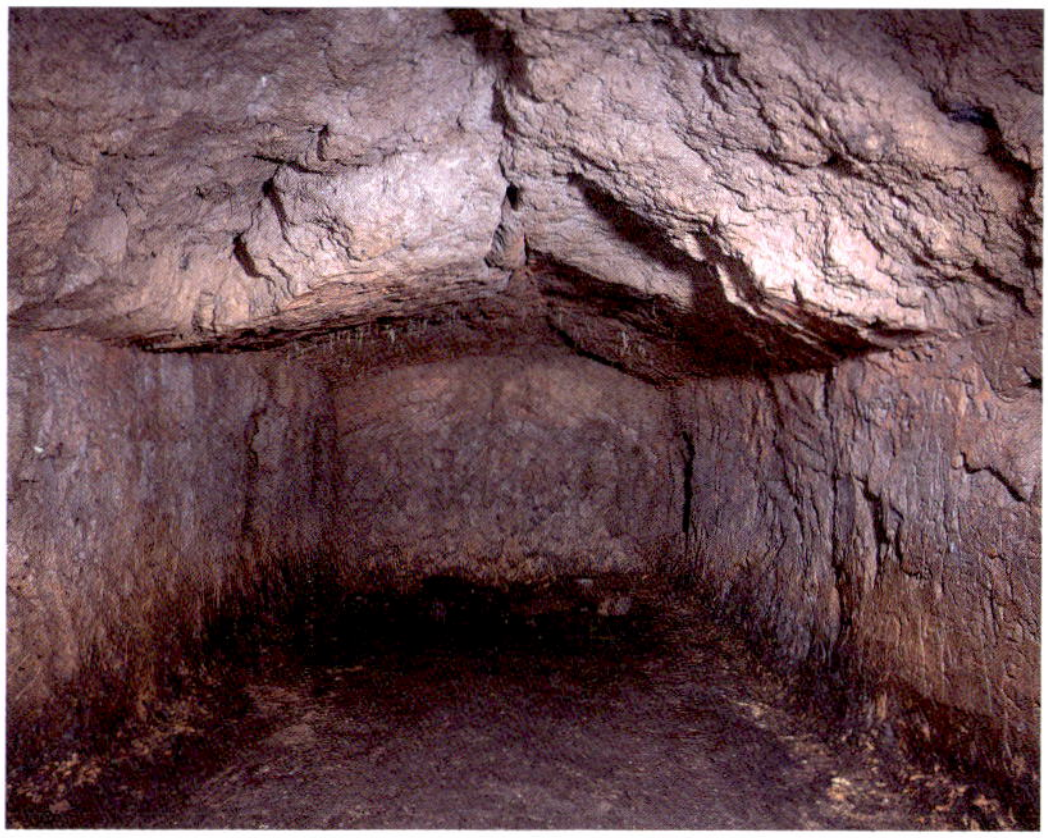

図43 ● 4号地下式横穴墓の玄室
天井は屋根形で、壁・天井にはベンガラによる赤彩を施している。

った。羨道が玄室の短辺につき、奥に長い縦型の長大な妻入り型の玄室をもつ四号は（図43）、遺構の形態や規模の面においても南九州で発見されたすべての地下式横穴墓のなかで最上位クラスに位置づけられる。

一一一号墳の墳丘調査では、墳頂部に三基の木棺直葬がみつかり、切り合い関係から相互の先後関係が明らかとなった。墳頂部中央に位置する最古の第一主体部からは、挂甲《けいこう》（鉄や革でできた小札《こざね》を縦横に紐で綴じ合わせた甲《よろい》）一領と多数の玉類（図44）、須恵器や土師器が出土し、甲の形式や須恵器の年代から六世紀初頭の構築と判断された。このことから墳丘上の埋葬施設よりも、四号地下式横穴墓が先に構築されたことは明らかである。つまり、一一一号墳は四号地下式横穴墓のための墳丘であり、それに木棺直葬三基が後から追加されたものである。

同様に、中規模円墳の中心主体部として大型の地下式横穴墓が構築された例は、宮崎市の下《しも》北方《きたかた》や国富町の六野原などでもみられる。いずれも五世紀後半の時期に限定され、副葬品に鉄製短甲や鏡、馬具を有するなど共通点が多く、当該期の宮崎平野部の特徴の一つともいえる。

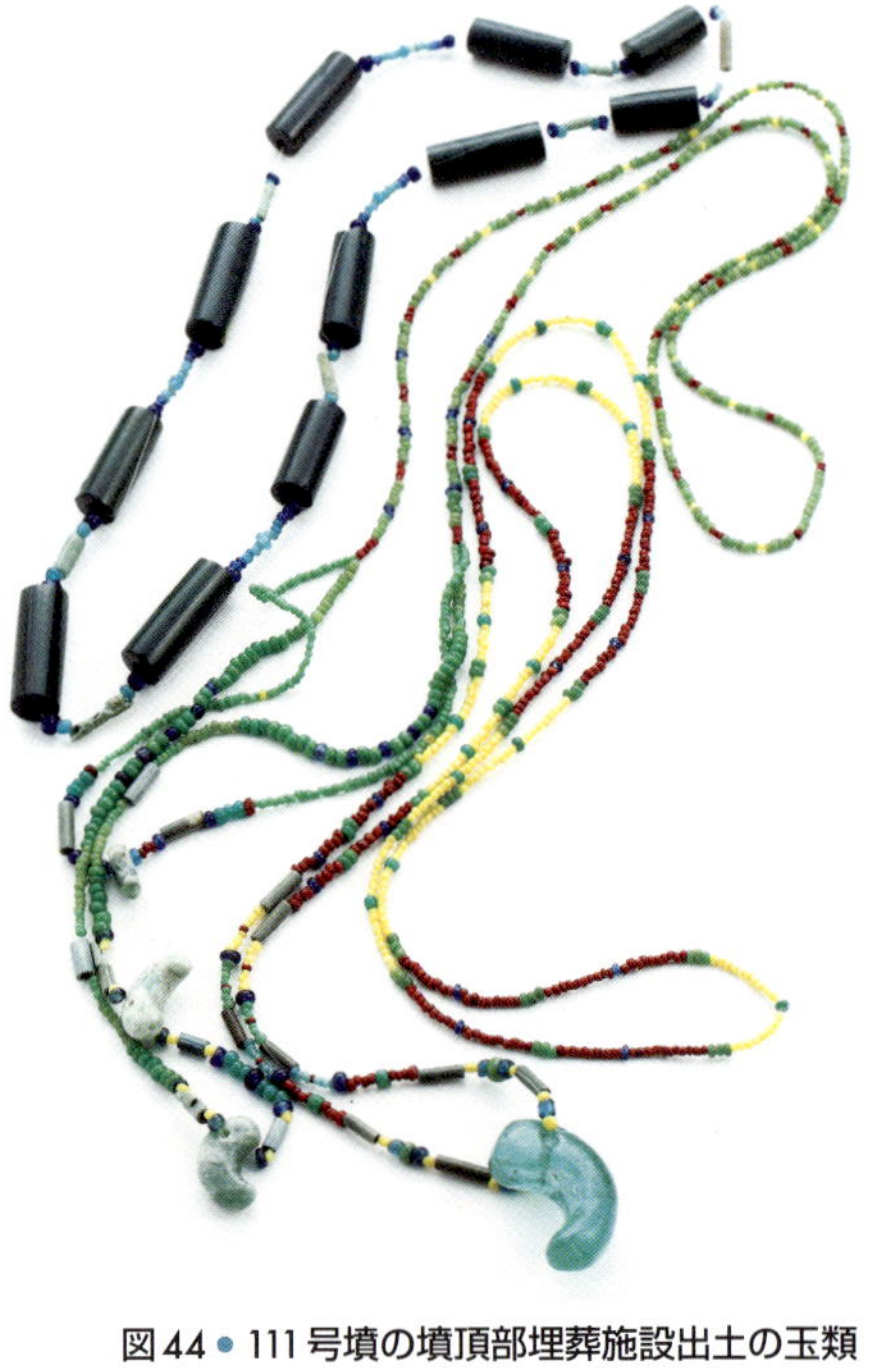

図44 ● 111号墳の墳頂部埋葬施設出土の玉類
3基確認された木棺直葬のうち、最古の第一主体部から出土した。

　前方後円墳の築造が希薄になった五世紀後半の西都原において、首長墓とよぶべき規模と内容で出現した地下式横穴墓であるが、確実に五世紀代の築造と考えられるのは現時点では四号のみである。しかし、一一一号墳に隣接する一一五号墳と一一八号墳は、ほぼ同規模の墳丘をもち、地中レーダー探査で墳丘中央の埋葬施設とは別の強い反射が墳裾付近にあることから、一一一号墳・四号地下式横穴墓と同様に、地下式横穴墓が存在する可能性がある。

きわめて地位の高い被葬者の持ち物

四号地下式横穴墓の玄室（図45）からは、鉄製短甲三領、刀剣類、鉄鏃束、珠文鏡（図46）、玉類、金銅製装身具など豊富な副葬品が出土した。これらは九州内の首長墓のなかでも上位に位置づけられる内容であり、ほぼ同時期の前方後円墳である二六五号墳の副葬品と比しても格段の優位性を示している。

　鉄製短甲は、横矧板鋲留《よこはぎいたびょうどめ》短甲が二領、横矧板革綴《かわとじ》短甲が一領である（図47）。この革綴短甲は、右前胴と後胴を

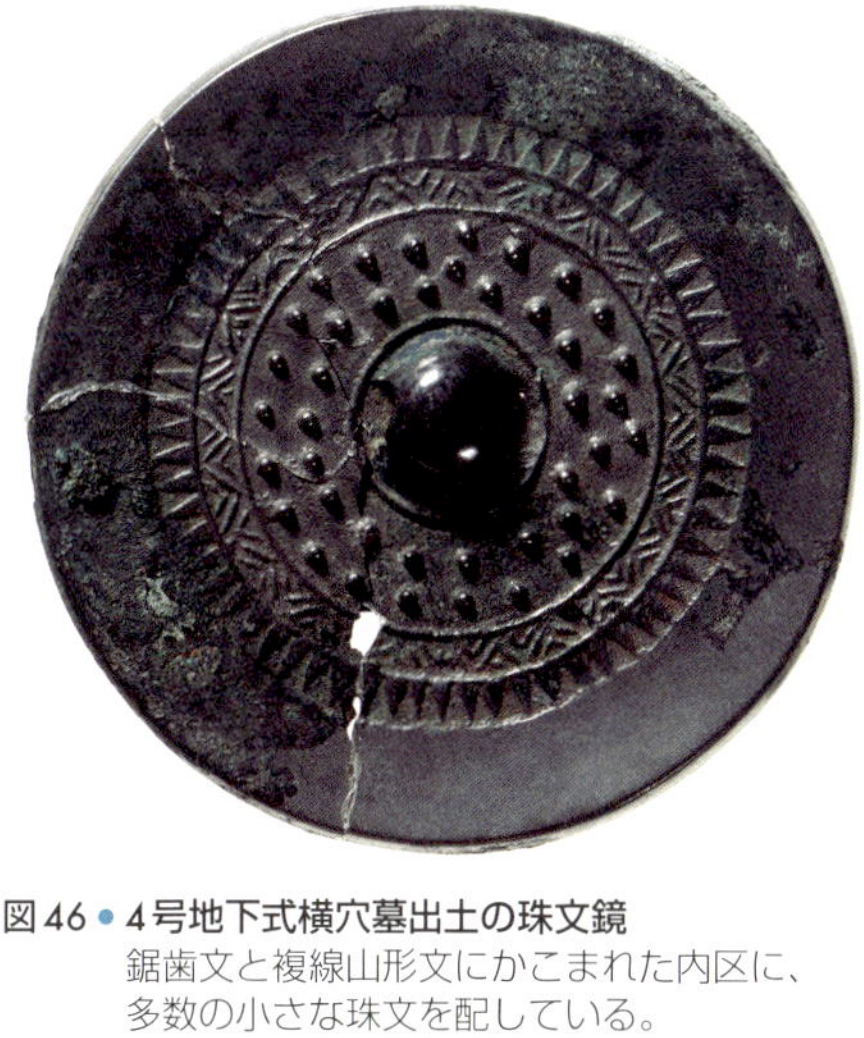

図46 ● ４号地下式横穴墓出土の珠文鏡
鋸歯文と複線山形文にかこまれた内区に、多数の小さな珠文を配している。

図45 ● 発見時の４号地下式横穴墓の内部
玄室床の中央部にあるU字形に掘られた屍床には刀剣・鉄鏃・鏡が、左側壁奥には3領の短甲があった。奥壁には掘削時の工具痕が明瞭に残る。

つなぐ蝶番金具が鉄地金銅張りで三対装着してある非常に貴重なもので、被葬者の地位の高さを推測させる。鋲留短甲の二領は、いずれも型式的に新しく、吉村和昭による「少鋲式」の段階であり、革綴短甲も同時期とみてよい。

金銅製装身具のうち、金銅製の垂飾付耳飾《すいしょくつきみみかざり》は、兵庫鎖《ひょうごくさり》と中間飾の空玉《うつろだま》である（**図48上**）。主

図47 ● 4号地下式横穴墓出土の3領の鉄製短甲
横矧板鋲留短甲2領と横矧板革綴短甲1領がセットで出土した。

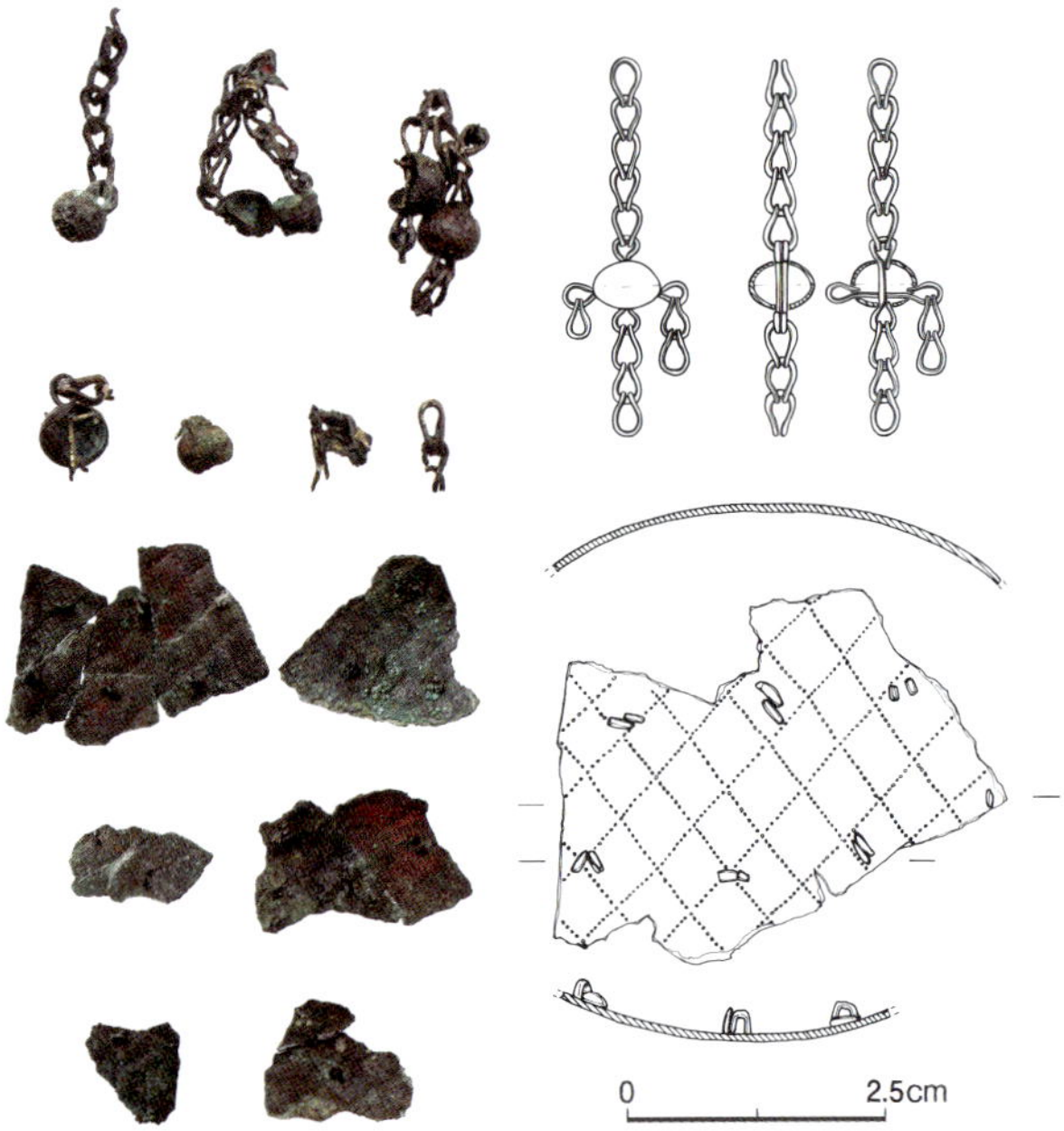

図48 ● 4号地下式横穴墓から出土した金銅製装身具片
上：垂飾付耳飾（右は復元推定図）
下：円形歩揺付金具（右は復元推定図）。下げ美豆良の装飾具か。

環部と垂下飾《すいかしょく》は現存していない。もう一つは円形歩揺《えんけいほよう》をもつ金銅板で、列点の打ち出しで斜格子文を施してある（図48下）。冠や飾履《しょくり》の可能性も指摘されていたが、橋本達也は、熊本県の江田船山《えたふなやま》古墳や奈良県の藤ノ木古墳、佐賀県の関行丸《せきぎょうまる》古墳の類例と比較して、男子の髪型の一つ、下げ美豆良《みずら》の装飾具である可能性が高いとしている。

これらの装身具は、畿内中央政権にかかわる首長層のなかでもきわめて地位の高い被葬者の持ち物であること、朝鮮半島との交渉にかかわる首長層に配布された可能性が高いこと、そして鉄製短甲三領を有することも合わせると、この西都原四号地下式横穴墓の被葬者は、古墳時代中期末葉の畿内中央政権に連なる九州屈指の上位首長であり、朝鮮半島情勢に関与する活動に参画していた人物が相応しい。

2　群集墳の展開

有力家族墓としての地下式横穴墓

西都原古墳群における地下式横穴墓は、西都原台地上の第二支群から第三支群にかけての範囲と、中間台地に位置する堂ヶ嶋支群、鷺田支群に含まれる国分地区に分布している。そして、西都原で内容が明らかになっている地下式横穴墓は、四号以外はすべて羨道が玄室の長辺につき、奥行きよりも横幅のほうが大きい横型の平入り型の玄室で、規模も縮小している。

須恵器や土師器など容器類を中心とする出土遺物から、六世紀中ごろから七世紀前半の造営とみられる。遺構の形態や規模、副葬品の内容など、五世紀後半に首長墓的様相で出現した四号とは性格が異なり、有力家族墓として造営されている。

爆発的に増加する円墳

また、五世紀半ば以降に前方後円墳の築造が希薄となる高塚古墳は、それ以降に小規模な円墳が爆発的に増加する。三二〇基を超える西都原古墳群の多くはこうした時期のものであり、いわゆる群集墳として築かれる（図49）。

それらは直径二〇メートル以下で、低墳丘のものが多く、主体部は木棺直葬と推測される。墳丘中に埋葬施設を設けることが不可能なほど低平なものもあり、そうしたものの主体部は地下式横穴墓と思われる。また、墳丘内に埋葬施設が存在する場合にも、周堀内に竪坑をおく地下式横穴墓がともなうことがあり、両者は複雑に混在している。

図49 ● 前期以来の首長墓系譜である46号墳と周囲に密集する群集墳
前期に築かれた首長墓と、後期群集墳としての小規模円墳が同じ範囲に分布している。

こうして古墳時代前期以来、複数系列の多くの首長たちが利用してきた西都原の台地は、五世紀前半に突出した南九州の盟主を生み出した後、六世紀代には小規模円墳と地下式横穴墓によって構成される群集墳に姿を変えるのである。これは、西都原に限らず宮崎平野部の多くの古墳群で認められる現象である。

六世紀以降、全国的にも小規模の円墳が密集して築造されることが多く、後期群集墳とよばれる。これは、首長やその近親者ばかりでなく、新たに有力家族層も古墳を築造するようになったためで、古墳の築造階層が相対的に低下し、その数は急増したことによる。

3　横穴墓と地下式横穴墓の融合

横穴墓

小規模円墳とならんで、群集墳の一形態として全国に分布する横穴墓は、丘陵斜面や崖面の軟質岩層に横から墓室を掘削した埋葬施設で、墳丘をともなうことは稀である。五世紀後葉に九州北東部の豊前地域で出現し、瀬戸内海沿岸を除き九州から東北地方まで広く分布している。

宮崎県内では五世紀末ごろに北部の西臼杵《にしうすき》地方に出現し、宮崎平野部では六世紀後葉に築造がはじまり、七世紀中葉すぎごろまで継続している。

玄室に複数の遺体を埋葬する家族墓的要素が強く、数基で一単位をなし、数単位か多い場合は十数単位で一つの墓群を構成する。小規模円墳と同様に、有力家族層の代々の墓と理解されている。

西都原周辺の横穴墓の分布は、一ッ瀬川左岸の穂北《ほきた》地区に集中するほか、三納《みのう》川や三財《さんざい》川の上流域などに点在し、一一群七〇基あまりが確認されている。玄室の平面形は長方形・方形・逆台形・不整形があり、天井は寄棟形やアーチ形がある。玄室の平面規模は五～八平方メートル前後が一般的で、一〇平方メートル以上は限られている。閉塞は羨道入口を木板で塞いだのち石積み補強するものと、石積みだけでおこなうものがある。

西都原古墳群は、高塚古墳と地下式横穴墓で構成されると考えられてきたが、一九九五年に酒元ノ上地区で墓道をともなう横穴墓が発見された。鬼の窟古墳から南に三〇〇メートル、西都原台地の南東部から台地中央に切れ込む小規模な谷の端部に立地する。数次にわたる調査によって一〇基の墓道が一群をな

図50 ● 酒元ノ上横穴墓群
西都原古墳群ではじめて確認された横穴墓群。横穴墓と地下式横穴墓の両方の特徴をあわせもつ独特の墓である。

していることが判明した（図50・51）。

墓道は平面形が楔形の長大なもので、床面は端部から奥壁にむけて緩やかに下る。墓道の奥壁や側壁に主体部を設け、その入口を木板で閉塞したものと考えられる。一メートル前後の羨道の奥に、平入り型（横長）の玄室を掘削している。玄室平面形は長方形や楕円形で、ドーム形の天井は平均一・二メートルと非常に低い。

最大の特徴は、各主体部前の墓道床面に残る方形や半円形の浅い掘り込みである。深さは一〇センチ程度であり、埋葬行為において機能的な意味はない。墓道や玄室から出土した須恵器は七世紀前半～中ごろのもので、

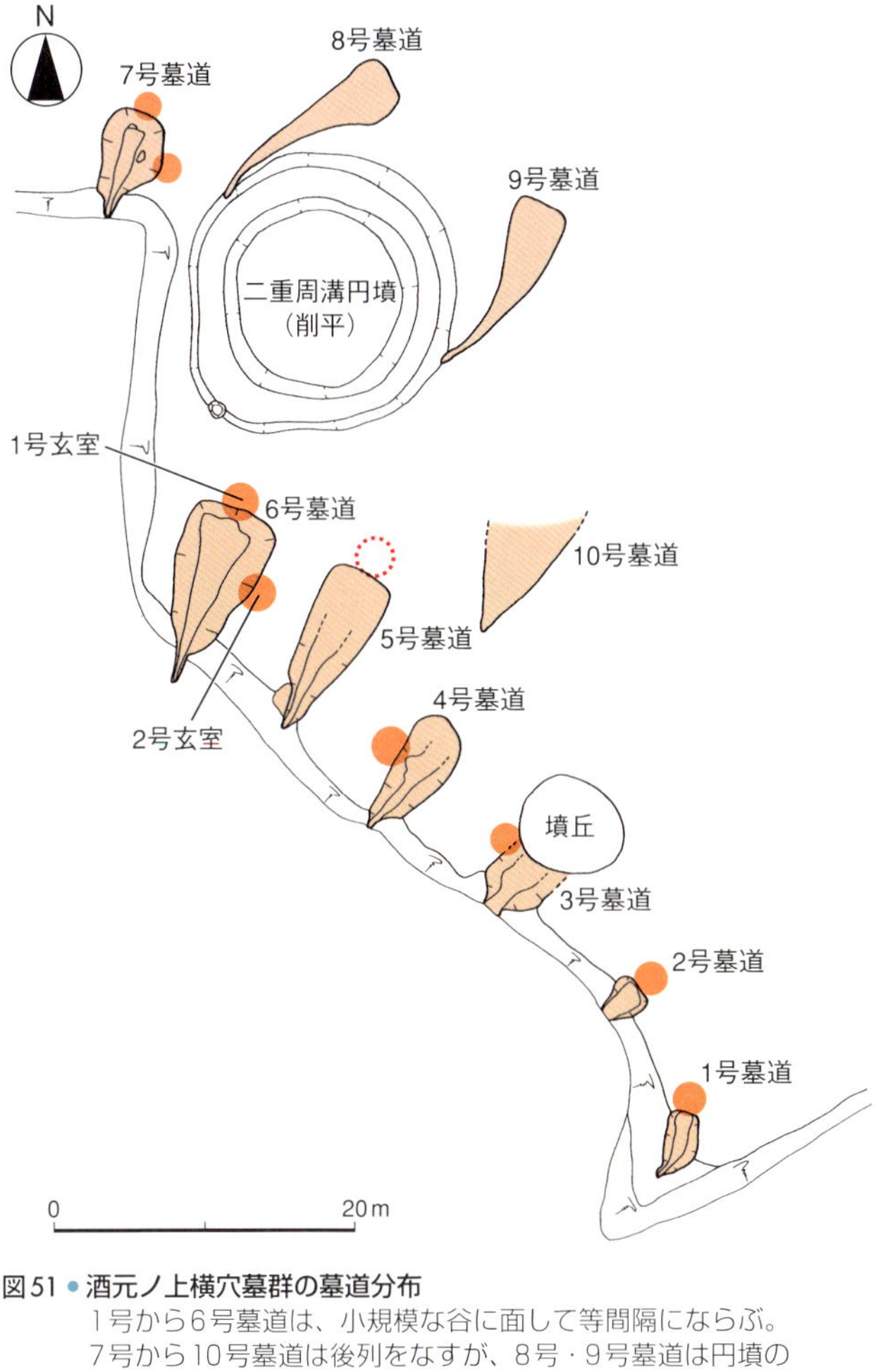

図51 • 酒元ノ上横穴墓群の墓道分布
1号から6号墓道は、小規模な谷に面して等間隔にならぶ。
7号から10号墓道は後列をなすが、8号・9号墓道は円墳の円溝に接している。

そうした時期に県内に分布する横穴墓とは玄室形態が大きく異なり、地下式横穴墓の玄室に近い。主体部前の墓道床に残る浅い掘り込みは地下式横穴墓の竪坑を意識したものと考えられる。

六号墓道（図52上）の北には削平された円墳（径一〇メートル）の周堀がみつかり、八・九号墓道の端部はこの周堀に接している。また、三号墓道の背面にも径数メートルのわずかな高まりが認められ、後背墳丘として意識されていた可能性がある。

墓道の短い一・二号は、奥壁のみに主体部を穿つ一墓道一穴であるが、三～一〇号は奥壁と側壁に主体部をもつ一墓道二穴の形式である。玄室内部まで調査されたのは五基で、いずれの玄室も拳～人頭大の礫床である。六号墓道右壁に位置する六―二号墓は熟年女性の単体埋葬で、全身骨が良好な状態で遺存していた（図52下）。ほかはすべて複数埋葬であったが、人骨の残存状況が悪く性別などは不明である。副葬品には、須恵器、土師器、鉄鏃、刀子、耳環などが

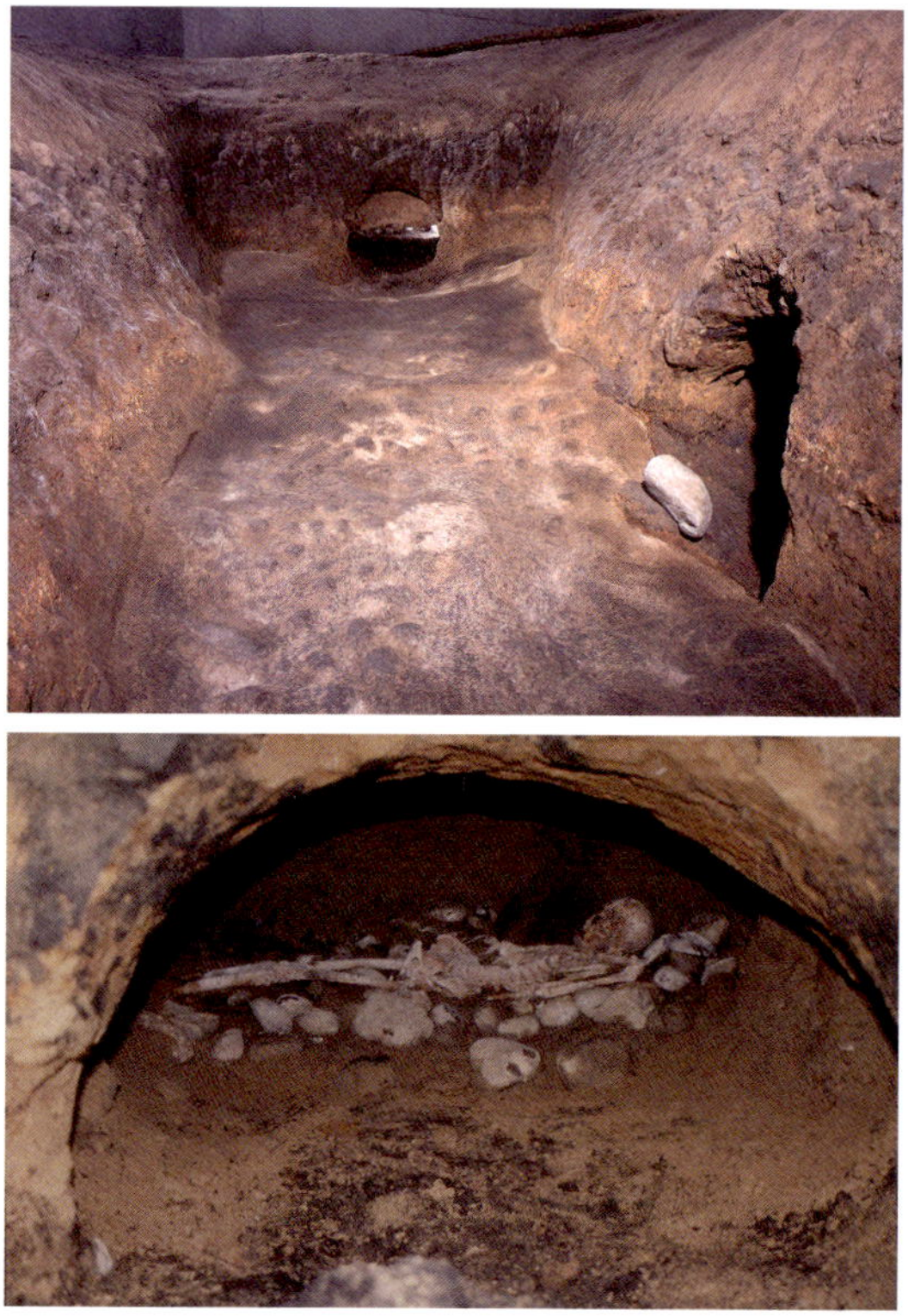

図52 ● 6号墓道と6-2号墓
上：6号墓道。墓道奥壁と側壁に主体部が設けられている。下：6-2号墓。上の写真の右側面にあたる。熟年女性１体の全身骨が良好に遺存していた。

ある。

酒元ノ上の一群は西都原ではじめて確認された横穴墓で、七世紀前半〜中ごろに造営された。墓道の奥壁や側壁に主体部を設ける埋葬様式としては全国に分布する横穴墓と共通するが、墓室の形態は在地色の強い地下式横穴墓と共通し、両者の折衷形式といえる。

発見当初は特異な例とみられたが、その後に堂ヶ嶋支群や高鍋町の下耳切《しもみみきれ》第二遺跡でも類例が確認されたことから、地下式横穴墓の終焉にかかわる地域的特質の一つであると理解されている。現在は一〜六号墓道までを遺構保存覆屋で公開し、その他は埋め戻しにより保存を図っている（図53）。

その他の注目出土遺物

金銅製馬具

最後に、西都原古墳群で、これまで述べてきた以外の注目される出土遺物を紹介しておこう。

出土古墳が明確ではないものの、伝西都原古墳群出土とされる金銅製馬具類がある（図54）。その内訳は、轡鏡板《くつわかがみいた》一対、杏葉《ぎょうよう》二点、雲珠《うず》一点、壺鐙《つぼあぶみ》一対。

図53 ● 酒元ノ上遺構保存覆屋内部
1〜6号墓道を、発掘された状態のままで保存公開している。6号墓道は墓道内に入って、2基の横穴墓内部を観察することができる。

轡鏡板は、心葉形《しんようけい》で、裏面にはハミの一部が残存している。鏡板とハミの連接部分をおおうように、表面中央に半球形の銅板がとりつけられている。鉄地に銅板を合わせ表面を鍍金した鉄地金銅張りで、周縁部と中央部の半球形の周囲に帯状の銅板をあてて鋲留めしている。周縁部から中心にむけて十字文を表現している。

杏葉も鉄地金銅張りで、心葉形の周縁部で鋲留めしている。文様は三葉文を浮き彫りにしている。雲珠は鉄地金銅張りの半球形で、足は一カ所のみ残存している。半球形の体部に数条の沈線が施されている。鐙は、薄い銅板を袋状に成形し、鉄製の枠と組み合わせている。

大正時代調査の碑石

古墳時代の遺物ではないが、平成の発掘調査において興味深いものがみつかっている。大正時代の発掘において、調査終了後の埋め戻しの際に、調査の概要を刻んだ碑石を調査坑内に埋設していたのである（**図55**）。

碑石は、厚さ一〇～一五センチの凝灰岩製の石板に、調査の年月・調査概要・調査担当者名

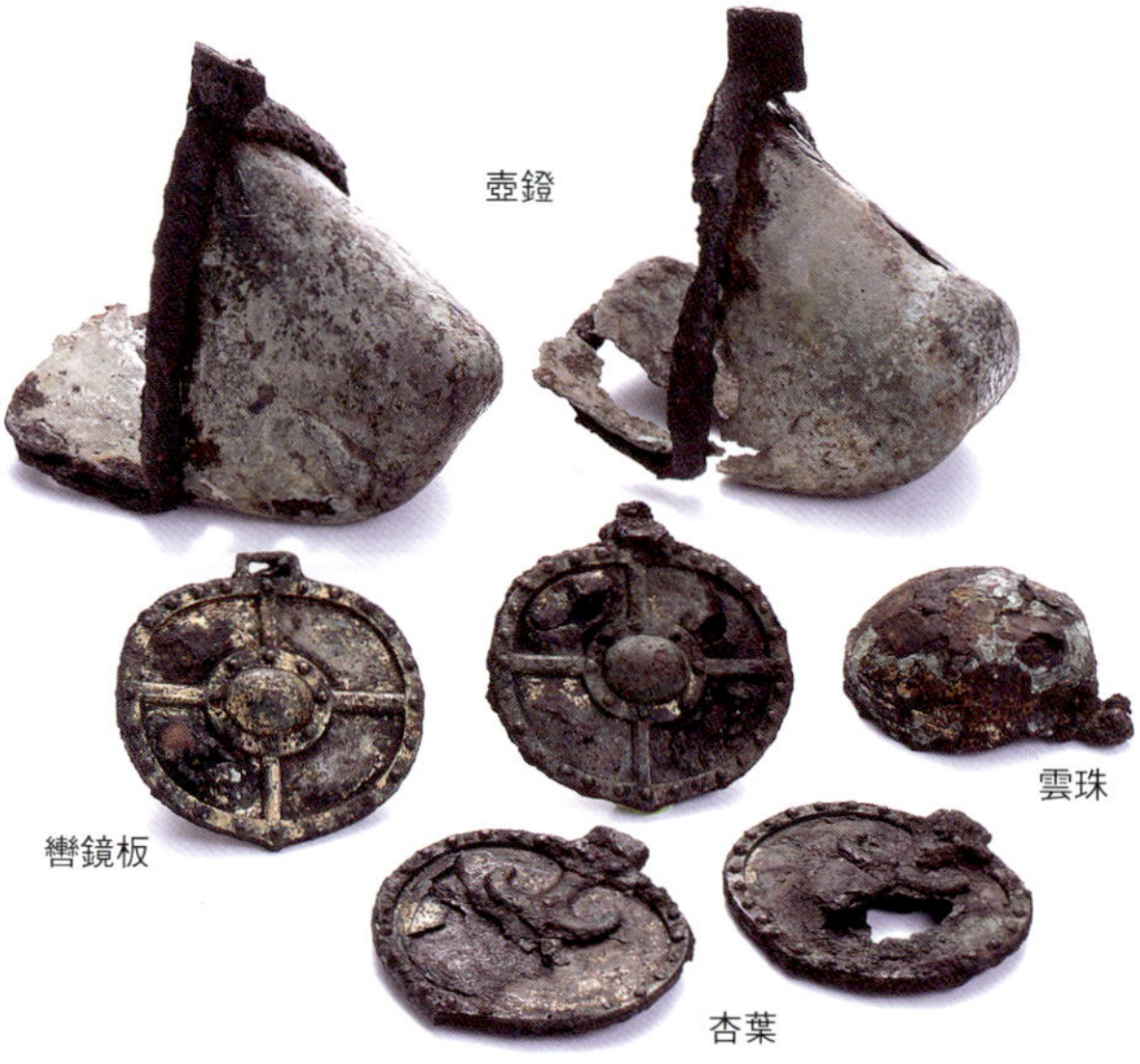

図54 • 金銅製馬具類（伝西都原古墳群出土）
轡鏡板・杏葉・雲珠は鉄地金銅張り、壺鐙は鉄枠に袋状の銅板を組み合わせている。

などを陰刻し、そこに朱を塗り込んである。碑文面を保護するため、同寸法の別の石板を面を合わせて設置し、周囲を栗石《ぐりいし》で覆っていた。

現在までに、一三号墳や二〇二号墳、丸山支群の陪塚三基、二八四号墳などで確認されている。二六五号墳では、後円部と前方部の二カ所それぞれに埋設されていた。調査成果を後世に伝えようとする大正期の文化財保護意識の一端として注目される。

国宝金銅馬具類一式（伝百塚原古墳群出土）

宮崎県から出土した考古資料のうち唯一の国宝が、五島美術館（東京都）が所有する「日向国西都原古墳出土金銅馬具類」である。大阪府の丸山古墳、福岡県の宮地嶽《みやじだけ》古墳、奈良県の藤ノ木古墳からの出土馬具類とともに、屈指の優品とされるものである。

地元の農民によって明治三〇年代に掘り出され、古物商や美術品収集家の手をわたり、一九五六年、京都府の守屋氏が所蔵している時点で国宝指定を受けている。その後、五島美術館が購入して現在に至っている。その内訳はつ

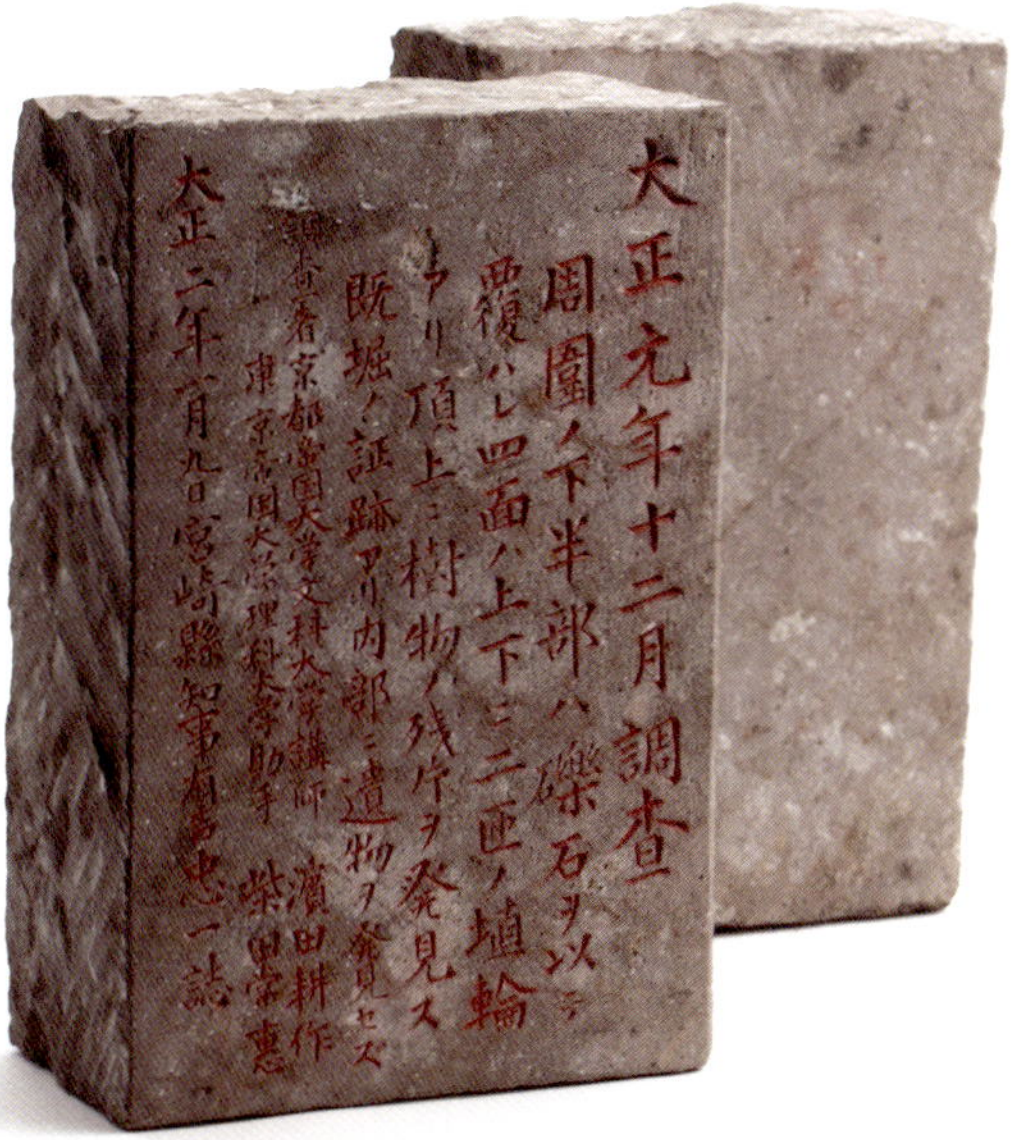

図55 ● 大正調査時に埋設された碑石
調査年月・調査概要・調査担当者名などが刻まれている。

ぎのとおりである。

①金銅透彫鞍橋《くらぼね》金具残欠　一背分　②金銅透彫轡鏡板《くつわかがみいた》　二箇
③金銅透彫雲珠《うず》　一箇　④金銅無地雲珠　一箇
⑤金銅透彫杏葉《ぎょうよう》　三枚　⑥金銅無地杏葉　四枚
⑦金銅透彫辻金具《つじかなぐ》　九箇　⑧金銅無地辻金具　六箇
⑨金銅透彫散金物《ちらしかなもの》　一六箇　⑩金銅鉸具《かこ》　一箇
⑪鞍橋金具遊離残欠　一式

透彫と無地の二組が混在しているが、同一古墳からの出土とされており、全体的な腐食の状況も近似している。透彫は龍文で、轡鏡板と杏葉では双龍が対峙する図文であり、鞍橋金具には海部と磯部にそれぞれ数頭の龍が、中央の円文を境に対称配置されたものと考えられる。図文や形態的特徴から新羅系の馬具で六世紀前半に位置づけられる（図56）。

これらの馬具は、一九一五年（大正四）の西都原古墳群第四次調査に参加した原田淑人《よしと》によって紹介されている。このなかで原田は、「従来西都原より出土せし遺物を概観するに、その文化の度肥筑地方に及ばざること甚遠きを覚ゆるも、来此の一部の調査を以て日向全般を律すること固より不可能なるべく、今次西都原の西僅かに一谷を隔つる百塚原《ひゃくつかばる》なる一圓墳より十数年前発掘したる遺物を観るに及び、一層その感を深うしたり」と述べている。

報文では、馬具類のほかに頭椎大刀《かぶつちのたち》、刀身、剣身、鏡、金環、銀環、小玉、銀製金具、鉄鏃、

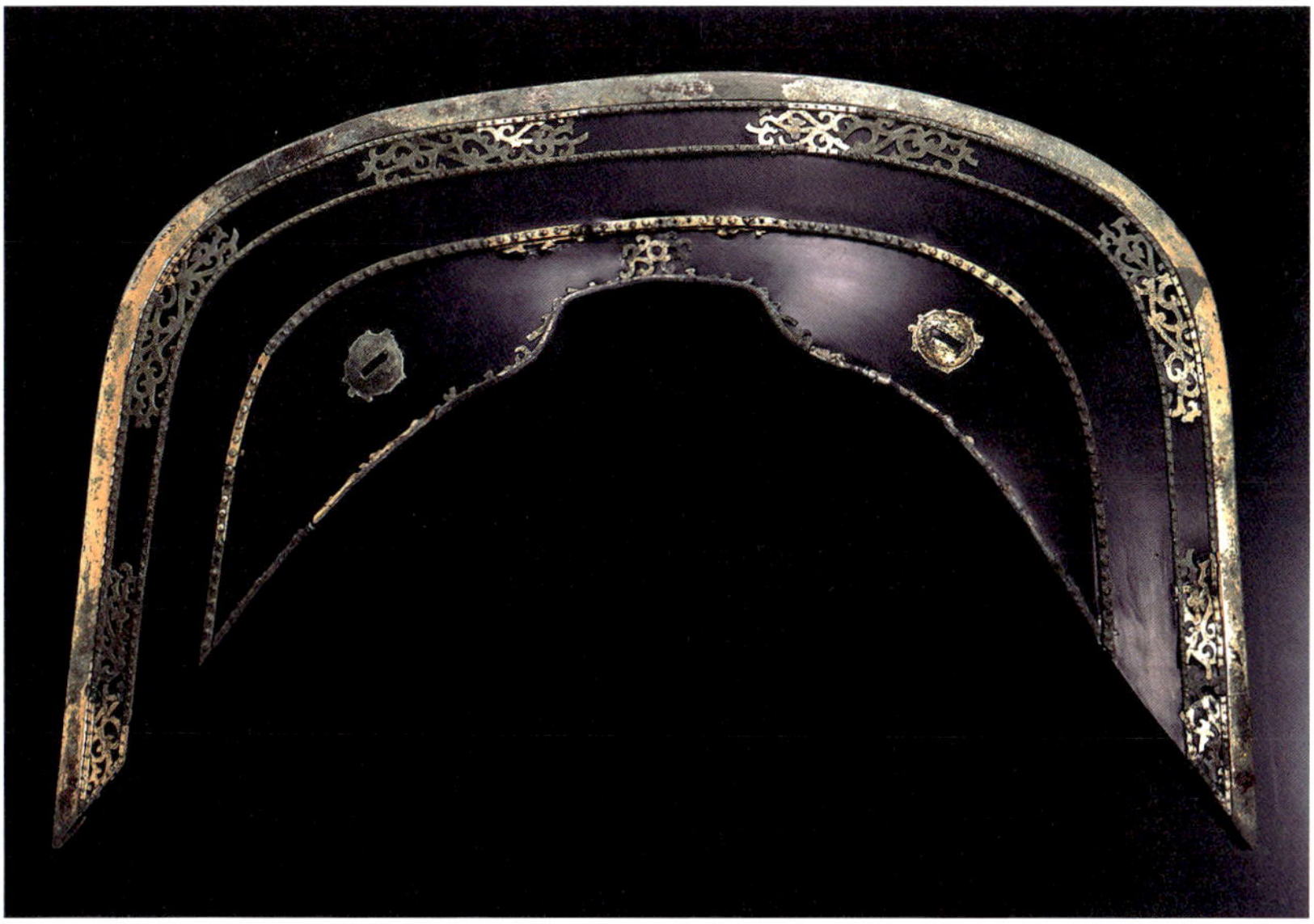

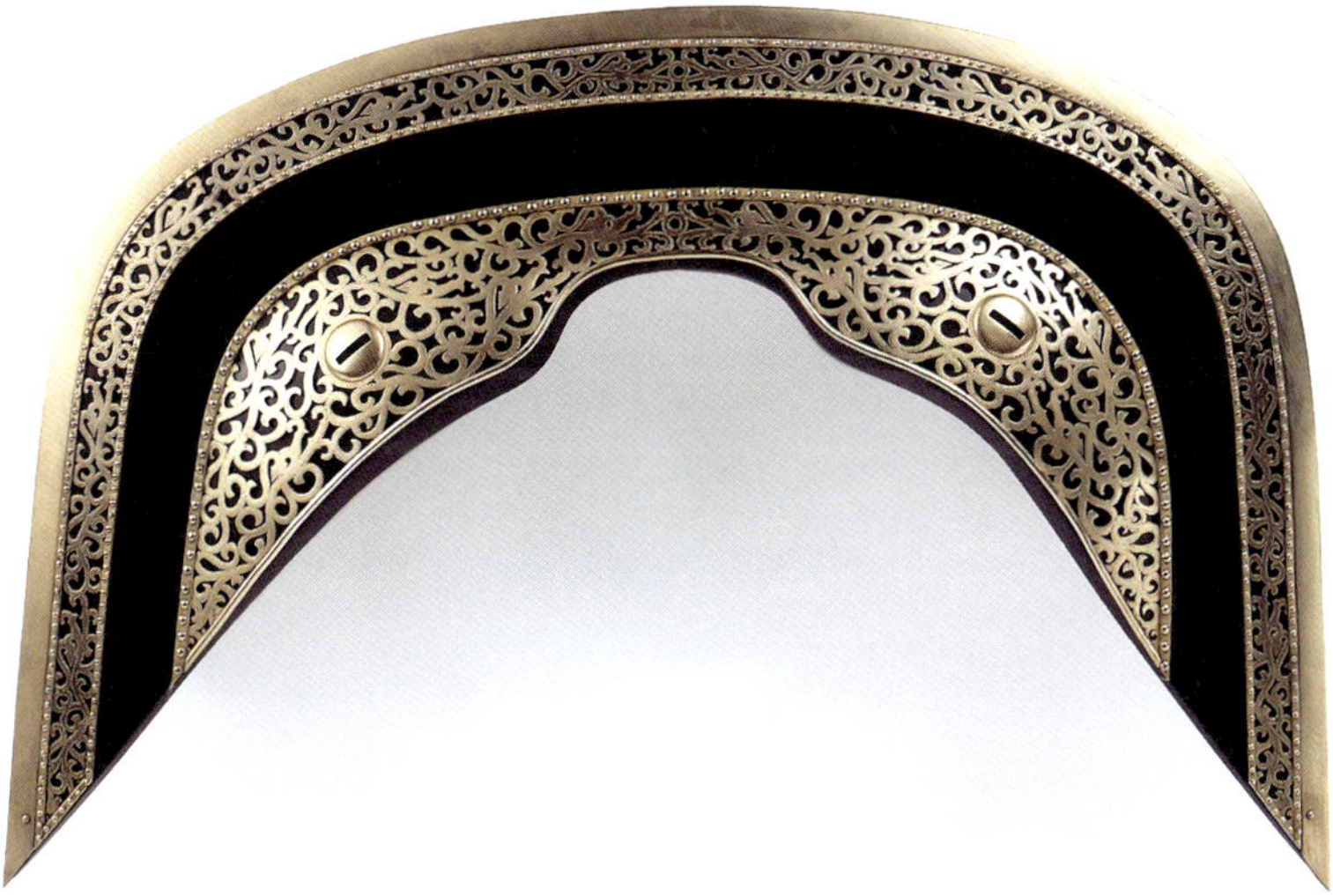

図56 • 国宝　日向国西都原古墳出土金銅馬具類　鞍橋金具（後輪）
乗馬の際に用いる木製の鞍は、人が座る居木と前後それぞれをつなぐ鞍橋からなる。鞍橋を豪華な金銅で飾ることで、所有者の富と権威を誇示した。
上：西都原から谷を隔てて西に１㎞の百塚原古墳群から明治時代に掘り出された（五島美術館所蔵）。下：同素材による復元品。

須恵器（蓋坏）なども存在したとしているが、現在は所在不明である。しかし、明治大学博物館が所有する金銅装大刀の収納箱の蓋には「日向國児湯郡百塚原古墳出土」の墨書きがあり、これが原田報告の頭椎大刀である可能性は高い。

指定名称は「西都原古墳出土」となっているが、原田報告にもあるように西都原の西方に谷をはさんで約一キロの丘陵上に分布する百塚原古墳群（県指定）が本来の出土地と思われる。現在の百塚原は、径一〇メートル前後の小円墳がまばらに点在する状況であるが、宮崎県教育委員会が二〇〇九年から実施している地中レーダー探査と確認調査の結果、現存する五十数基を大きく上まわる数の円墳が、互いの裾部を密着させるかのように存在していたことが明らかになっている。まさに「百塚原」という表現が相応しい状況であったと思われる。

また、古墳群中には数多くの地下式横穴墓が混在しており、円墳の周堀内に竪坑を、玄室を墳丘下や周堀外側にうがっている。馬具類の残存状況の良さを考えると、それらが出土した埋葬施設は地下式横穴墓であった可能性は高い。これまでの確認調査で数基の地下式横穴墓が発掘されているが、いまだ金銅馬具類につながる手がかりは得られていないものの、今後の調査が大いに期待される。

第５章　終焉と律令制への動き

1　西都原古墳群の終焉と日向国の成立

西都原古墳群の終焉

六世紀末から七世紀前半、西都原台地のほぼ中央に最後の首長墓として築かれた二〇六号墳（鬼の窟古墳）は、巨大な横穴式石室をもつ大型の円墳であった。それ以降に西都原に築かれたのは、後期群集墳としての小規模円墳や地下式横穴墓である。また、全国に分布する横穴墓と南九州の在地墓制である地下式横穴墓の融合ともいえる酒元ノ上横穴墓群が営まれたのは七世紀前半から中ごろであり、これをもって西都原古墳群は終焉を迎える。

中央においては、推古天皇の摂政として聖徳太子が活躍していた時期であり、仏教の浸透と律令国家の建設がはじまっていた。

日向国の成立

律令にもとづく中央集権国家の建設がはじまると、南九州には「日向国」が設置される。文献における日向国の初見は『続日本紀』文武天皇二年（六九八年）九月二八日条だが、律令制の導入にともない七世紀後半には設置されたと思われる。

日向国は大上中下のうち中国で、その範囲は現在の宮崎県・鹿児島県を合わせた広域におよんでいたが、七〇二年に「薩摩国」が、七一三年に「大隅国」が分立した。この日向国の政治的中枢として国府がおかれたのは、かつて西都原古墳群が展開した西都原台地の周辺であった。

西都原古墳群の分布の中心である西都原台地を東に下ると、標高二〇〜三〇メートルの中間台地が広がり、上妻《かみづま》遺跡・寺崎《てらさき》遺跡・法元《ほうが》遺跡・童子丸《どうじまる》遺跡・堂ヶ嶋遺跡・石貫遺跡からなる妻北遺跡群が分布する（図57）。この遺跡群の全域から奈良・平安時代の遺構や遺物が出土しており、これらのなかには木簡《もっかん》や腰に締めるベルトの飾りである石帯《せきたい》、古代の硯である風字硯《ふうじけん》や円面硯《えんめんけん》、蓮華文軒丸瓦《れんげもんのきまるがわら》や布目瓦《ぬのめがわら》など、古代の公的施設にかかわる遺物が出土していることから、一帯が律令期の日向国の政治的中心地であると推定されていた。

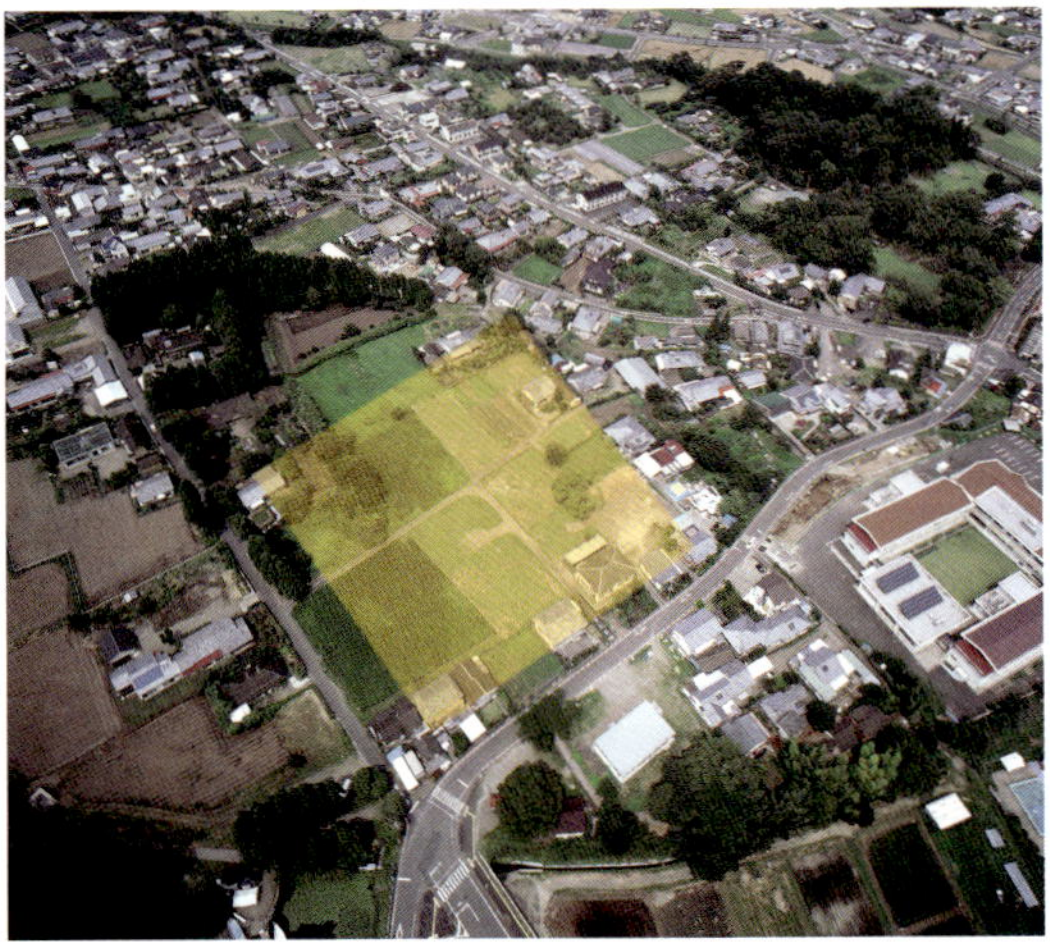

図57 ● 妻北遺跡群遠景
国指定史跡日向国府跡（寺崎遺跡、黄色の範囲）のほか数多くの遺跡が確認されている。

近年まで特定されていなかった日向国府の所在地は、文献史学や歴史地理学からの検討により、西都市内に四カ所、宮崎市佐土原《さどわら》町に一カ所の推定地が指摘されていた。宮崎県教育委員会が一九八八年から実施した詳細分布調査や確認調査の結果から、西都市の妻北遺跡群に焦点が絞られ、二〇〇〇年までに国府の中枢である国庁域が寺崎遺跡内に確定された。これを受けて二〇〇五年に日向国府跡として約一ヘクタールが国の史跡に指定された。その後、西都市が公有化と保存整備を目的とした調査を継続している。

おもな遺構としては、正殿《せいでん》（桁行《けたゆき》七間・梁行《はりゆき》四間の南北二面廂《ひさし》付建物）や東西の脇殿《わきでん》（桁行七間・梁行二間）、南門《なんもん》（八脚門《はっきゃくもん》）、築地塀《ついじべい》などがあり、主要建物が「品」字形配列を示す定型化した国庁が八世紀後半には成立していた（**図58**）。これらの主要建物群は少なくとも四回建て替えられており、九世紀を通して存続したと思われる。また、正殿建物に先行する長舎状建物（桁行一〇間・梁行二間）などもみつかっていることから、国庁の前身となる官衙建物群が八世紀前半には存在していたことも明らかとなった。

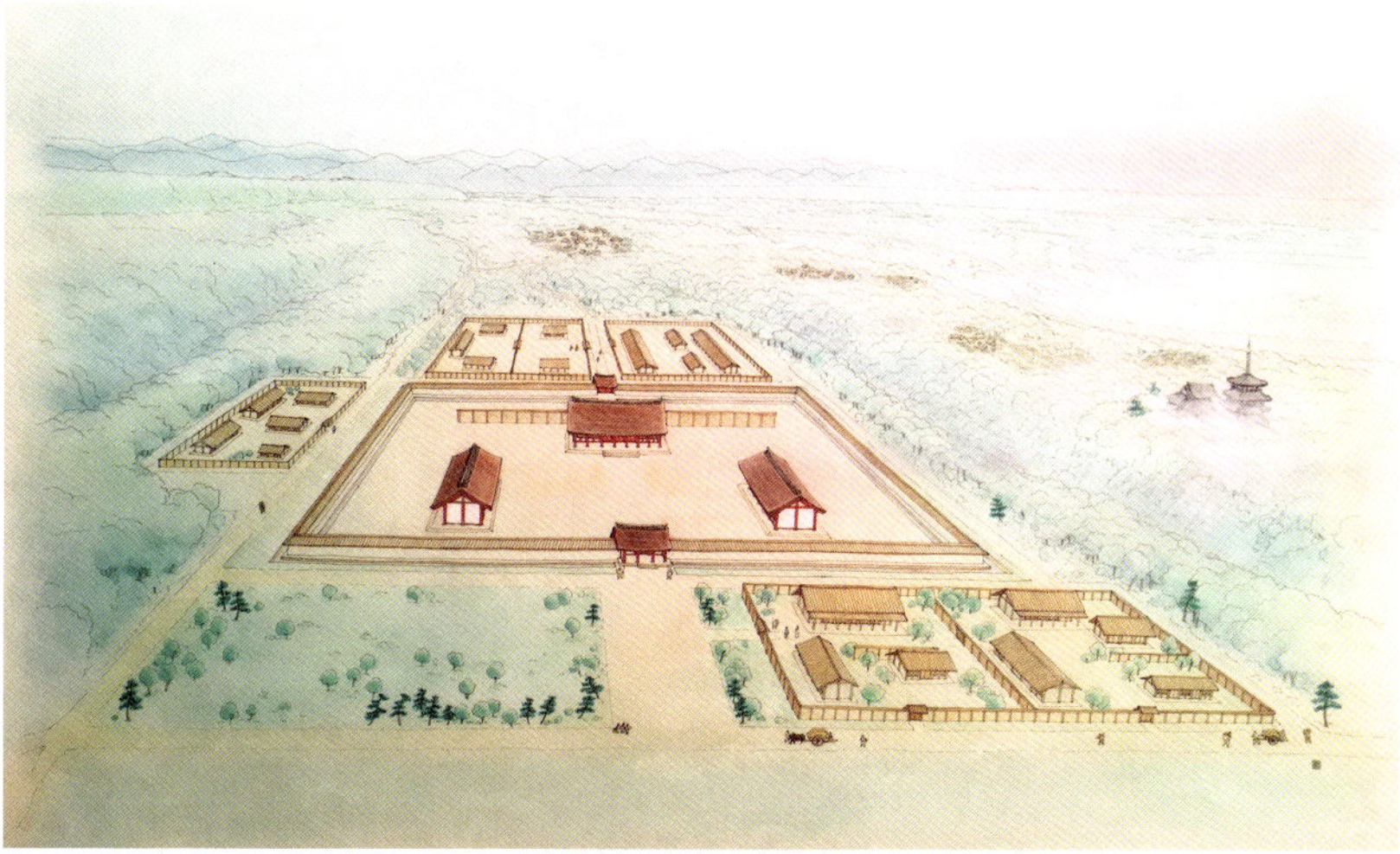

図58 ● 日向国府の復元イメージ（早川和子画）
正殿と脇殿が品字形に配置される定型化国庁が存在した。

2　日向国分寺と国分尼寺

日向国府跡の中心である国庁跡から南に約一・四キロには日向国分寺跡が存在する。当地は、少なくとも江戸時代には国分寺として認識されていたが、古代にまでさかのぼるか否かについては不明であった。

一九四八・六一・七二・八九年に、東京大学と早稲田大学による日向考古調査団や九州大学、宮崎県教育委員会が調査しているが、いずれも決定的な結論をえることができなかった。その後、一九九五年から二〇〇七年にかけて西都市が調査し、推定講堂、中門、南東回廊、西門などが確認された（**図59**）。

金堂については特定されていないが、中門と推定講堂のあいだに基壇の痕跡と思われる硬化面や石列の一部を発見しており、中軸線上に中門・金堂・講堂が並ぶ国分寺式伽藍《がらん》配置と考えられる（**図60**）。単弁蓮華文の軒丸瓦や偏行唐草文《へんこうからくさもん》の軒平瓦、墨書《ぼくしょ》土器などが出土している。軒丸瓦については、筑後国分寺もしくは伊予国分寺からの系譜の可能性も指摘されている。多数出土している瓦

図59 ● 日向国分寺跡の主要伽藍の範囲（黄色の範囲）
1940年代から断続的な確認調査がおこなわれてきたが、2011年に日向国分寺跡と認定され国史跡となった。

については五期に分類され、創建時のセットは八世紀後葉から末に比定されている。寺域については方二町程として、二〇一一年に国の史跡に指定された。

国分尼寺については現在でも特定されていないが、史跡に指定されている日向国府跡と日向国分寺跡の中間地点にあたる現在の県立妻《つま》高等学校の敷地内（諏訪遺跡）が推定地となっている。溝状遺構、土坑、柱穴などがみつかり、瓦や土師器が出土しているものの、建物などの認定には至っておらず、伽藍配置も不明である。

隣接する古道は「尼寺坂」とよばれており、以前は「法華」という地名も残されていた。江戸時代後期に作成された「日向國神代絵図」には「尼寺古迹《こせき》」と記されているものの、江戸時代末期の『太宰管内志《だざいかんないし》』では「尼寺の跡今は詳ならず」とあり、すでに不明となっている。出土瓦を日向国分寺跡出土瓦とくらべると、粗い横縄叩文や無文が多く厚みも薄いことから、日向国分寺の創建時ではなく第二期以降と判断される。

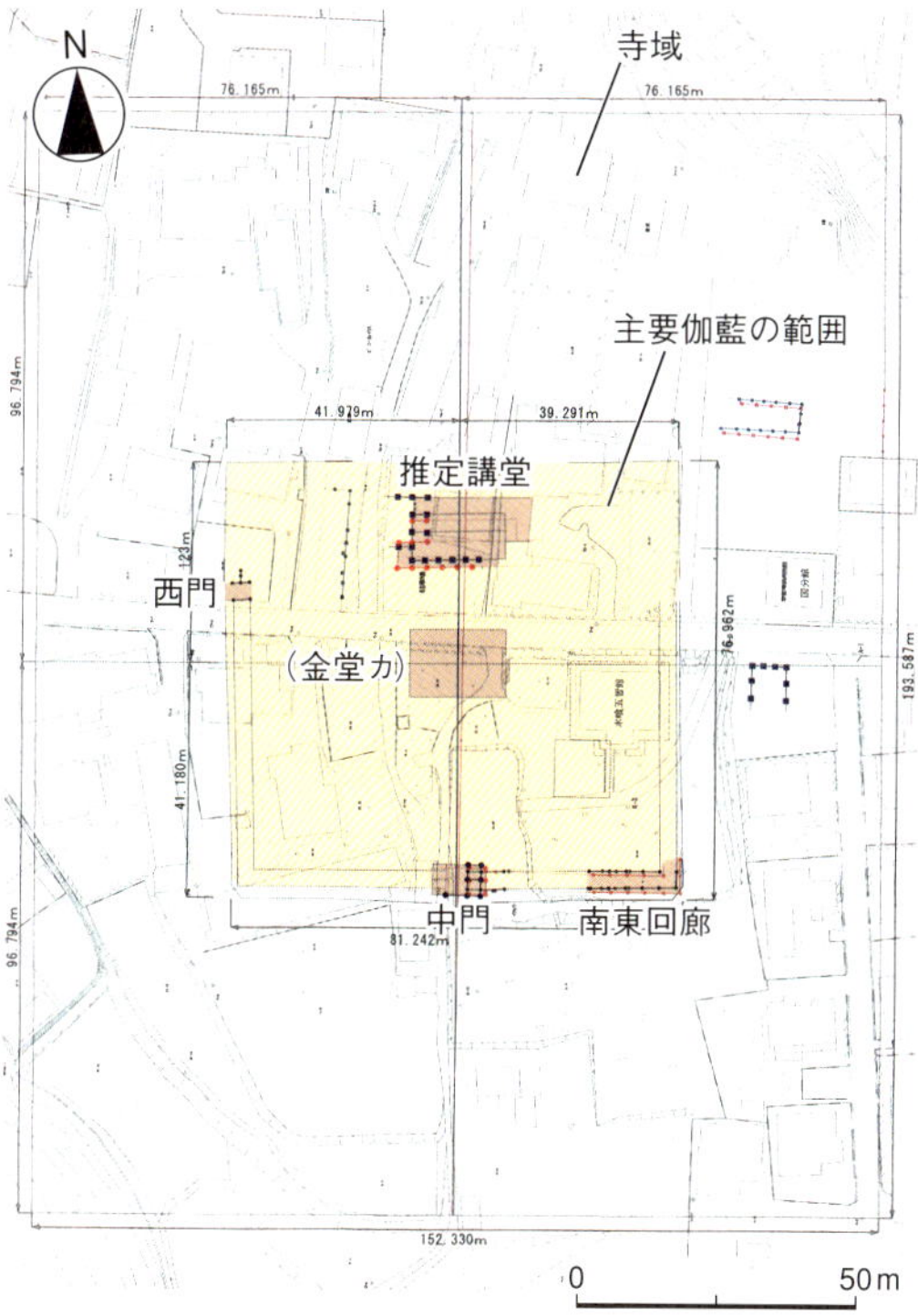

図60 ● 日向国分寺の寺域推定図
金堂は未確認だが、中門、推定講堂、回廊、西門などが確認され、方二町の寺域が確定した。

3　これからの西都原

宮崎県立西都原考古博物館

西都原の丘では、二〇〇四年四月に、宮崎県立西都原考古博物館が開館した（図61）。同館は考古学の専門博物館であり、特別史跡西都原古墳群にのぞむサイトミュージアム（site museum）であり、豊かな自然環境と優れた歴史的文化的景観を包括したフィールドミュージアム（field museum）である。東アジア的視点から南九州の人びとの生きた証を広く国内外に発信するため、調査研究、史跡の保存整備、資料の収集・保管、展示、さまざまな教育普及活動、国際交流など、幅広い活動をおこなっている。

展示では、「常設」という概念を廃し、つねに新しい情報を発信するという意味の「常新展示」を実践し、特別展、国際交流展、企画展、コレクションギャラリー展など、大小さまざまな展示会を開催している。教育普及では、講演会や講座、野外活動などを定期的に実施することに加え、博物館に先駆けて一九九七年に設置された古代生活体験館を構成施設としてとりこみ、古代生活体験や実験講座などを展開している。

図61 ● 宮崎県立西都原考古博物館
2004年に考古学専門館として開館した。

　また、西都原古墳群の調査研究を進め、後世に継承するための保存整備を実施し、史跡を有効に活用するための取り組みも同館の役割である。西都原古墳群の三〇〇余基に対して、大正時代の調査を含めて発掘調査されたのは現在までに約一割にすぎず、いまだ秘められたままの謎は大きい。発掘をはじめとするさまざまな調査をおこない、西都原や南九州社会を理解するための発信が同館に求められている。

新しい取り組み（地中レーダー探査）

　西都原考古博物館では、調査研究活動の柱の一つとして、地中レーダー探査を実施している（図62）。掘削などをともなわない非破壊的調査手法であり、保存を目的とする調査や南九州に特有の地下式横穴墓など、地上からは認識が困難である潜在遺構の把握、地下埋没地形の理解、指定古墳の主体部など発掘が規制される遺構の調査などにおいて非常に有効である。

　電気や磁気、弾性波などさまざまな物理的手法を応用する地中探査のなかで、地中レーダー探査は、アンテナから発した電波が、地中の構造物に反射して戻ってくる速さと強さをとらえて地中の状況を推測するものであり、地表からおおむね一～三メートルまでを調査の主たる対象とする考古学調査においては、

図62 ● 陵墓参考地における地中レーダー探査
非破壊的調査手法である地中レーダー探査により、男狭穂塚古墳・女狭穂塚古墳の墳形や規模が明らかとなった。

その情報量の多さと分解能の高さの面でもっとも適しているといえる。

開館準備段階から西都原古墳群を中心に地中レーダー探査を実践してきた同博物館は、二〇〇四年から、陵墓参考地である男狭穂塚古墳・女狭穂塚古墳に対して地中探査を開始した。これは、古墳群の全体的な調査と整備が進むなか、西都原の盟主である両巨大古墳についてのみ情報の空白が生じる懸念に対し、宮内庁の理解と協力を得て、陵墓参考地としては全国初の地中探査が実現したのである。

探査は二段階でおこなわれ、

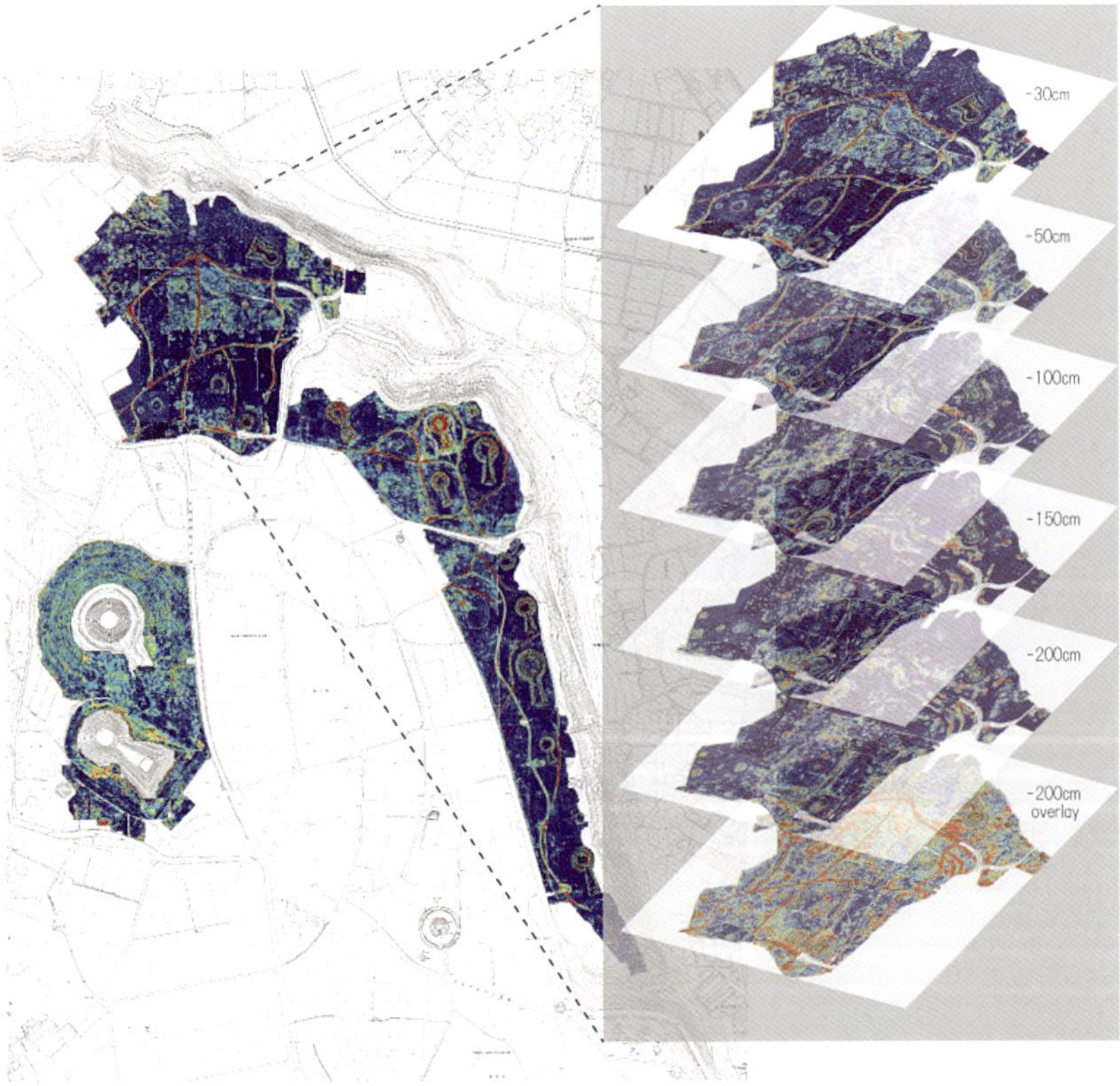

図63 ● 地下マップ制作のイメージ
右側の図は、地表面から−30cm、−50cm、−100cm、−150cmというように異なる深さの地中の状況を示している。、地中レーダー探査を活用して、西都原古墳群全体の地下の状況を可視化することができる。

両古墳の重複関係の有無や周堀の形状確認を主眼として実施し、その後、墳丘上を除く陵墓参考地の全域を対象として実施した。その結果、すでに述べたように、両古墳には重複関係はないこと、男狭穂塚古墳の周堀は内周堀と外周堀ともに前方部（方壇部）前面にはまわらないこと、女狭穂塚古墳の外周堀は墳丘左半にのみ存在すること、両古墳の墳長が一七六メートルで一致することなどが明らかとなった。

また、地中レーダー探査を用いた「地下マップ」の制作が進められている（図63）。これは、個別の古墳だけを対象とするのではなく、古墳間の平地や古墳の存在していない範囲も含めた古墳群の全域を対象とするものである。通常の地形図が、地表面の情報を表現しているのに対して、地下マップは、地中レーダー探査で得られた地中の状況を、地表下五〇センチ、地表下一メートルのように平面図として可視化するものである。こうした取り組みによって、地上から視認できる顕在的遺構としての墳丘をもつ古墳ばかりでなく、墳丘が削平されて周堀のみが地下に埋まっている消滅古墳や、これまでに確認されていない地下式横穴墓の存在、発掘がおこなわれていない古墳の主体部の状況、小規模な谷などの埋没地形などを把握することができる。

これらの成果は、古墳の立地や分布状況の理解、古墳群の面としての整備計画、史跡公園としての維持管理などに活用されている。現在は、古墳群の中心域である「西都原台地面」の大部分を終了し、中間台地上に展開する支群域の探査が進められている。こうした新たなとりくみによって、西都原古墳群の全容が徐々に明らかになっていくものと期待されている。

参考文献（五十音順、平成調査の発掘調査報告書は割愛した）

犬木　努　二〇一五「西都原古墳群の埴輪―「平成調査」から「大正調査」へ―」『西都原古墳群総括報告書』平成二四〜二六年度西都原古墳群基礎調査報告　宮崎県教育委員会

犬木　努　二〇〇七「西都原の埴輪から見えてくるもの―カタチ・技術・工人・組織―」『巨大古墳の時代―九州南部の中期古墳―』特別展図録　宮崎県立西都原考古博物館

犬木　努・近藤麻美　二〇一三「西都原古墳群に埋置された「碑石」―西都原古墳群大正調査の基礎資料（一）―」『宮崎県立西都原考古博物館研究紀要』九号

ウィリアム・ゴーランド　一九八一『日本古墳文化論―ゴーランド考古論集―』創元社

大阪府立近つ飛鳥博物館　二〇一二『南九州とヤマト王権―日向・大隅の古墳―』大阪府立近つ飛鳥博物館図録五八

岡田茂弘　一九六八「西都原古墳群に「風土記の丘」建設」『考古学ジャーナル』一六　ニュー・サイエンス社

西都市　二〇一五『西都市史　資料編』

西都市　二〇一六『西都市史　通史編』

西都市教育委員会　二〇〇九『日向国分寺跡―主要伽藍及び寺域の確認調査―』

西都市教育委員会・西都原古墳研究所　一九八三『宮崎県西都原古墳調査報告書』第一書房

白石太一郎　二〇一四「古墳からみた四・五世紀の南九州とヤマト王権」『生目古墳群の実像』宮崎市教育委員会

末永雅雄　一九三四『日本上代の甲冑』岡書院

辻田淳一郎　二〇一五「西都原古墳群の鏡」『西都原古墳群総括報告書』平成二四〜二六年度西都原古墳群基礎調査報告　宮崎県教育委員会

長津宗重　一九九二「日向」『前方後円墳集成』九州編　山川出版社

奈良県立橿原考古学研究所附属博物館　一九九二『隼人―古墳時代の南九州と近畿―』特別展図録三九冊

橋本達也　二〇〇八『大隅串良岡崎古墳群の研究』鹿児島大学総合研究博物館研究報告No.3

橋本達也　二〇一四「西都原四号地下式横穴墓出土の装身具」『宮崎県立西都原考古博物館研究紀要』一〇号

濱田耕作　一九一五「西都原古墳の時代に就て」『宮崎縣児湯郡西都原古墳調査報告』宮崎縣

濱田耕作・原田仁・久保平一郎　一九四〇『西都原古墳の調査』日本古文化研究所報告一〇　日本古文化研究所

原田淑人　一九一五「西都原古墳調査　附．百塚原古墳出土品」『考古学雑誌』六―三　日本考古學会
東　憲章　二〇〇八「ベールを脱いだ男狭穂塚女狭穂塚―地中レーダー探査による墳形復元―」『宮崎県立西都原考古博物館研究紀要』四号
東　憲章　二〇一一「特別史跡西都原古墳群の調査と整備活用」『月刊文化財』五七二　第一法規出版
東　憲章　二〇一二「西都原古墳群の探査と地下マップ」『月刊考古学ジャーナル』六二九　ニュー・サイエンス社
東　憲章　二〇一四「特別史跡西都原古墳群の再整備について（西都原一〇〇号墳の事例から）」『遺跡学研究』一一号　日本遺跡学会
日高正晴　一九五八「日向地方の地下式墳」『考古学雑誌』四三巻四号　日本考古學会
日高正晴　一九九三『古代日向の国』ＮＨＫブックス六六五　日本放送協会出版
福尾正彦　一九八五「女狭穂塚陵墓参考地出土の埴輪」『書陵部紀要』三六号　宮内庁書陵部
北郷泰道　一九八五「西都原古墳群付近」『日本史・空から読む　西日本編　第一巻　九州』日本航空写真文化社
北郷泰道　一九九〇「南部（宮崎・鹿児島）」『古墳時代の研究』一〇　雄山閣出版
北郷泰道　一九九二「西都原古墳群」『季刊考古学』四〇号　雄山閣出版
北郷泰道　一九九四『熊襲・隼人の原像』吉川弘文館
北郷泰道　一九九五「日向」石野博信編『全国古墳編年集成』　雄山閣出版
北郷泰道　二〇〇五『西都原古墳群　南九州屈指の大古墳群』日本の遺跡Ⅰ　同成社
北郷泰道　二〇〇七『古代日向・神話と歴史の間』みやざき文庫五〇　鉱脈社
北郷泰道　二〇〇九「神話と西都原古墳群―列島弧最南端の大規模古墳群―」『遺跡学研究』六号　日本遺跡学会
北郷泰道　二〇一〇『海にひらく古代日向』みやざき文庫七〇　鉱脈社
北郷泰道　二〇一四「西都原古墳群と考古博物館」『古墳時代の考古学一〇　古墳と現代社会』同成社
松浦宥一郎・古谷毅ほか　二〇〇五『重要文化財西都原古墳群出土埴輪子持家・船』東京国立博物館所蔵重要考古資料学術調査報告書
宮崎県　一九九三『宮崎県史　資料編　考古二』
宮崎県　一九九七『宮崎県史　通史編　原始・古代一』
宮崎県　一九九七『宮崎県前方後円墳集成』宮崎県史叢書

宮崎県教育委員会　一九八四『特別史跡西都原古墳群―西都原風土記の丘―』
宮崎県教育委員会　一九九一『男狭穂塚・女狭穂塚資料集』
宮崎県教育委員会　一九九九『男狭穂塚女狭穂塚陵墓参考地測量報告書』
宮崎県教育委員会　二〇〇七『西都原古墳群　男狭穂塚女狭穂塚陵墓参考地地中探査事業報告書』
宮崎県教育委員会　二〇一二『特別史跡西都原古墳群地中探査・地下マップ制作事業報告書（一）』
宮崎県教育委員会　二〇一五『西都原古墳群総括報告書』平成二四～二六年度西都原古墳群基礎調査報告
宮崎県総合博物館　一九八八『西都原発掘七五周年展』
宮崎県立西都原考古博物館　二〇一五『展示会Ⅳ　西都原の一〇〇年　考古博の一〇年　そして、次の時代へ』
籾木郁朗　二〇一五「史料からみた大正期西都原古墳群発掘調査―調査の動機と評価を中心に―」『西都原古墳群総括報告書』平成二四～二六年度西都原古墳群基礎調査報告　宮崎県教育委員会
柳澤一男　一九九五「日向の古墳時代前期首長墓系譜とその消長」『宮崎県史研究』九号
柳澤一男　二〇〇〇「西都原古墳群」『季刊考古学』七一号　雄山閣出版
柳澤一男　二〇〇〇「日向」『前方後円墳集成　補遺編』山川出版社
柳澤一男　二〇〇三「南九州における古墳の形成と展開」『前方後円墳築造周縁域における古墳時代社会の多様性』九州前方後円墳研究会第六回大会資料
柳澤一男　二〇〇五「宮崎県西都原八一号墳発掘調査概要―南九州最古の前方後円墳か―」『日本考古学協会第七一回総会』研究発表要旨
柳澤一男　二〇一四「南九州の出現期古墳」『邪馬台国時代のクニグニ　南九州』青垣出版
柳澤一男　二〇一五「南九州古墳文化の展開」『シンポジウム横瀬古墳とヤマト王権のつながり―日本列島南端の海上交通の歴史―』第三〇回国民文化祭大崎町実行委員会
吉村和昭　二〇一五「西都原古墳群の甲冑」『西都原古墳群総括報告書』平成二四～二六年度西都原古墳群基礎調査報告　宮崎県教育委員会
吉村靖徳　二〇一五『九州の古墳』海鳥社

特別史跡　西都原古墳群

・宮崎県西都市大字三宅
・史跡は原則開放（ただし考古博物館休館日は古墳の内部の見学は不可）
・交通　宮崎市内の宮交シティバスセンターより「西都バスセンター」経由「西都原考古博物館前」下車、約70分。または「西都バスセンター」からタクシーで10分。車で、宮崎市内より国道219号線経由約40分、東九州自動車道西都ICより約10分

東西二・六キロ、南北四・二キロの広範囲に三〇〇余基の古墳が分布する。墳丘復元や解説板の設置など保存整備され、一部石室などを公開。電信柱などなく、古墳と自然が調和した歴史的景観を維持している。

宮崎県立　西都原考古博物館

・西都市大字三宅字西都原西5670
・電話　0983（41）0041
・開館時間　10：00～18：00（入館17：30まで）
・休館日　月曜日（国民の祝日と重なる時は翌日）、祝日の翌日（土曜日、日曜日または休日に当たるときを除く）、12月28日～1月4日
・入館料　無料
・交通　上記と同じ

二〇〇四年に開館した考古学の専門館。東アジアの視点から、南九州に生きた人びとの証をみつめる「人と歴史の博物館」。館内はユニバーサルデザインを採用し、子どもから大人まで誰でも楽しむことができる。古代生活体験館では土器や勾玉など古代のもの作りを体験できる。

西都原考古博物館

西都原考古博物館での古代の土器作り体験

生目の杜遊古館

・宮崎市大字跡江4200―3
・電話　0985（47）8001
・開館時間　9：00～16：30（入館16：00まで）
・休館日　月曜日（祝日の場合は翌日）、祝日の翌日（土・日にあたる場合は開館）、12月29日～1月3日

生目古墳群史跡公園内にあり、生目古墳群や市内遺跡の発掘調査で発見された出土品を展示している。

遺跡には感動がある

——シリーズ「遺跡を学ぶ」刊行にあたって——

「遺跡には感動がある」。これが本企画のキーワードです。

あらためていうまでもなく、専門の研究者にとっては遺跡の発掘こそ考古学の基礎をなす基本的な手段です。また、はじめて考古学を学ぶ若い学生や一般の人びとにとって「遺跡は教室」です。

日本考古学では、もうかなり長期間にわたって、発掘・発見ブームが続いています。そして、毎年厖大な数の発掘調査報告書が、主として開発のための事前発掘を担当する埋蔵文化財行政機関や地方自治体などによって刊行されています。そこには専門研究者でさえ完全には把握できないほどの情報や記録が満ちあふれています。しかし、その遺跡の発掘によってどんな学問的成果が得られたのか、その遺跡やそこから出た文化財が古い時代の歴史を知るためにいかなる意義をもつのかなどといった点を、莫大な記述・記録の中から読みとることははなはだ困難です。ましてや、考古学に関心をもつ一般の社会人にとっては、刊行部数が少なく、数があっても高価なその報告書を手にすることすら、ほとんど困難といってよい状況です。

いま日本考古学は過多ともいえる資料と情報量の中で、考古学とはどんな学問か、また遺跡の発掘から何を求め、何を明らかにすべきかといった「哲学」と「指針」が必要な時期にいたっていると認識します。

本企画は「遺跡には感動がある」をキーワードとして、発掘の原点から考古学の本質を問い続ける試みとして、日本考古学が存続する限り、永く継続すべき企画と決意しています。いまや、考古学にすべての人びとの感動を引きつけることが、日本考古学の存立基盤を固めるために、欠かせない努力目標の一つです。必ずや研究者のみならず、多くの市民の共感をいただけるものと信じて疑いません。

二〇〇四年一月

戸沢充則

著者紹介

東　憲章（ひがし・のりあき）

1966年、宮崎県都城市生まれ
筑波大学第一学群人文学類（考古学）卒業
現在、宮崎県立西都原考古博物館学芸普及担当リーダー　主幹
主な著作　「地中レーダー探査による巨大古墳の墳形復元」（『地域の考古学』佐田茂先生論文集刊行会、2009）、「地下式横穴墓」（『古墳時代の考古学』3、同成社、2011）、『生目古墳群と日向古代史―宮崎平野の巨大古墳が語るもの―』（共著、鉱脈社、2011）ほか

写真提供（所蔵）
宮崎県立西都原考古博物館：図2・6（左）・8・9・13（左）・15・17・18（左）・20（左）・23・25・26（宮内庁書陵部所蔵）・28・29・30・31・32・33・34（東京国立博物館所蔵）・35（京都大学総合博物館所蔵）・37（左）・38・39（上）・40・42・43・44・45・46・47・49・50・52・53・54・55・56（上は五島美術館所蔵）・58（早川和子画）・61・62・博物館紹介／東京大学総合研究博物館：図6（右）／奈良県立橿原考古学研究所：図7／宮崎市教育委員会：図41／橋本達也：図48／西都市教育委員会：図57・59

図版出典・参考（一部改変）
図1・12：柳澤一男／図3：戸高真知子／図4：西都市 2015／図5：ウィリアム・ゴーランド／図10・13（右）・14・16・18（右）・19・20（右）・21・22・36・37（右）・39（下）・51：宮崎県教育委員会 2015／図11：西都市 2016／図27：末永雅雄 1934／図60：西都市教育委員会 2009

上記以外は著者

シリーズ「遺跡を学ぶ」121
古墳時代の南九州の雄　西都原《さいとばる》古墳群

2017年11月 6日　第1版第1刷発行

著　者＝東　憲章

発行者＝株式会社 新 泉 社
東京都文京区本郷2−5−12
TEL 03（3815）1662／FAX 03（3815）1422
印刷／三秀舎　製本／榎本製本

ISBN978−4−7877−1831−0　C1021

シリーズ「遺跡を学ぶ」

第1ステージ（各1500円＋税）

03 古墳時代の地域社会復元　三ツ寺Ⅰ遺跡　若狭 徹
08 未盗掘石室の発見　雪野山古墳　佐々木憲一
10 描かれた黄泉の世界　王塚古墳　柳沢一男
16 鉄剣銘一一五文字の謎に迫る　埼玉古墳群　高橋一夫
18 土器製塩の島　喜兵衛島製塩遺跡と古墳　近藤義郎
22 筑紫政権からヤマト政権へ　豊前石塚山古墳　長嶺正秀
26 大和葛城の大古墳群　馬見古墳群　河上邦彦
28 泉北丘陵に広がる須恵器窯　陶邑遺跡群　中村 浩
32 斑鳩に眠る二人の貴公子　藤ノ木古墳　前園実知雄
35 最初の巨大古墳　箸墓古墳　清水眞一
42 地域考古学の原点　月の輪古墳　近藤義郎・中村常定
49 ヤマトの王墓　桜井茶臼山古墳・メスリ山古墳　千賀 久
51 邪馬台国の候補地　纒向遺跡　石野博信
55 古墳時代のシンボル　仁徳陵古墳　一瀬和夫
63 東国大豪族の威勢　大室古墳群〔群馬〕　前原 豊
73 東日本最大級の埴輪工房　生出塚埴輪窯　高田大輔
77 よみがえる大王墓　今城塚古墳　森田克行
79 葛城の王都　南郷遺跡群　坂 靖・青柳泰介
81 前期古墳解明への道標　紫金山古墳　阪口英毅
84 斉明天皇の石湯行宮か　久米官衙遺跡群　橋本雄一
85 奇偉荘厳の白鳳寺院　山田寺　箱崎和久
93 ヤマト政権の一大勢力　佐紀古墳群　今尾文昭
94 筑紫君磐井と「磐井の乱」　岩戸山古墳　柳沢一男
別04 ビジュアル版古墳時代ガイドブック　若狭 徹

第2ステージ（各1600円＋税）

103 黄泉の国の光景　葉佐池古墳　栗田茂敏
105 古市古墳群の解明へ　盾塚・鞍塚・珠金塚古墳　田中晋作
109 最後の前方後円墳　龍角寺浅間山古墳　白井久美子
117 船形埴輪と古代の喪葬　宝塚一号墳　穂積裕昌
119 東アジアに翔る上毛野の首長　綿貫観音山古墳　大塚初重・梅澤重昭